hänssler

Werner Gitt

Das biblische Zeugnis der Schöpfung

Der Autor: Prof. Dr.-Ing. *Werner Gitt*, 1937 in Raineck/Ostpr. geboren, 1963–1968 Ingenieurstudium an der Technischen Hochschule Hannover, 1970 Promotion an der TH Aachen zum Dr.-Ing., seit 1971 Leiter der Datenverarbeitung bei der Physikalisch-Technischen Bundesanstalt (PTB) in Braunschweig, 1978 Direktor und Professor bei der PTB, zahlreiche wissenschaftliche Originalverfahren aus den Bereichen Informatik, numerische Mathematik und Regelungstechnik.

Die Deutsche Bibliothek – CIP-Einheitsaufnahme

Gitt, Werner:
Das biblische Zeugnis der Schöpfung/Werner Gitt.
6. Aufl. – Neuhausen-Stuttgart: Hänssler, 1995
(Edition C: C; 294: Paperback)
ISBN 3-7751-0851-3
NE: Edition C/C

EDITION C-Paperback, C 294
Bestell-Nr. 56.694
6. Auflage 1995

Das vorliegende Buch erschien bisher als vierter Band der Reihe WISSEN UND LEBEN.

Umschlaggestaltung: Daniel Dolmetsch
Titelbild: Image-Bank, München

Printed in Germany

Carsten und Rona gewidmet

Inhalt

Vorwort 9

1. Einleitung 11

2. Standortbestimmung in der Deutung des Schöpfungsberichtes . 13

3. Ein Angelpunkt des Bibelverständnisses: Wie lange dauerte ein Schöpfungstag? 19
   3.1 Was ist Zeit: Kairos oder Chronos? 23
      3.1.1 Chronos: Die Zeit des Menschen 24
      3.1.2 Kairos: Die Zeit Gottes 25
      3.1.3 Die Zeitachse der Welt 29
   3.2 Die Länge der Schöpfungstage 33
      3.2.1 Der Tag als Zeiteinheit 37
      3.2.2 Bedeutung des Wortes »Tag« in der Bibel 38
      3.2.3 »Tag« mit Zahlwort 38
      3.2.4 Begrenzung mit »Abend und Morgen« 39
      3.2.5 Schöpfungstag und Allmacht Gottes 39
      3.2.6 Der Mensch: Geschaffen an einem bestimmten Tag . . 40
      3.2.7 »Tag« und Gebote vom Sinai 40
   3.3 Gelegentliche Einwände gegen die Deutung der Schöpfungstage als 24-Stunden-Einheiten 41
   3.4 Schöpfungstage als lange Zeitperioden: Ein biblisch unlösbares Problem 52
   3.5 Zusammenfassung 53

4. Wer ist der Schöpfer? 56
   4.1 Christus, der Werkmeister der Schöpfung 58
   4.2 Christus und seine Schöpfungslehre 61

5. Welches sind die Methoden der Schöpfung? 67
   5.1 Schöpfungsmethode: Aus dem Nichts 68
   5.2 Schöpfungsmethode: Spontan 69
   5.3 Schöpfungsmethode: Durch Kraft 69
   5.4 Schöpfungsmethode: Durch das Wort 72
   5.5 Schöpfungsmethode: Durch Weisheit und Rat 76
      Ausgewählte Beispiele der Ideen des Schöpfers:
      5.5.1 Die höchstmögliche Informationsdichte 78
      5.5.2 Meßtechniken höchster Präzision 82
         a) Vibrationsmessungen 82
         b) Lichtmessungen 83
         c) Geruchsmessungen 83
         d) Schallmessungen 85
      5.5.3 Technisch unerreichte Beherrschung der Aerodynamik: Der Vogelflug 88
   5.6 Schöpfungsmethode: Durch Wille 91
   5.7 Methoden der Schöpfung und der Evolution im Vergleich . 92

6. Der zweite Schöpfungstag und die Sintflut 95
6.1 Die Bedeutung zweier hebräischer Wörter: »raqia« und »schamajim« 98
6.2 Der zweite Schöpfungstag 102
6.2.1 Das Schöpfungswerk des zweiten Tages 103
6.2.2 Der Wassergürtel oberhalb der Luftschicht . . . 104
6.3 Die Sintflut 109
6.3.1 Die Sintflut: Ein globales Ereignis 110
a) Biblische Argumente 110
b) Außerbiblische Argumente 114
6.3.2 Veränderungen durch die Sintflut 115
a) Klima 115
b) Menschenalter 116
c) Ozeane und Gebirge 116
7. Gibt es zwei Schöpfungsberichte? 121
8. Denkweisen der Schöpfung 128
8.1 Schöpfungsdenken: Wissenschaftlich bekannte Prinzipien . 129
8.2 Schöpfungsdenken: Wissenschaftlich unbekannte Prinzipien 132
8.3 Zusammenfassung 135
9. Die »theistische Evolution« 137
9.1 Atheistische Evolution 138
9.2 Evolution und Naturwissenschaft 139
9.3 Theistische Evolution auf biblischem Prüfstand 142
9.3.1 Herkunft des Menschen 144
9.3.2 Beginn der Menschheit 145
9.3.3 Herkunft der menschlichen Sprache 146
9.3.4 Vollendete Schöpfung oder stammesgeschichtliche Entwicklung der Arten? 146
9.3.5 Herkunft und Wesen des Todes 147
9.3.6 Schöpfungsprinzipien und Evolutionsfaktoren . . 148
9.3.7 Zukunftserwartung 148
9.3.8 Stellung zur Bibel 149
9.4 Die Widersprüchlichkeit theistischer Evolution 152
9.5 Zusammenfassung 155
10. Der Mensch 157
10.1 Des Menschen Bild vom Menschen 157
10.2 Das Evolutionskonzept führt in die Irre 160
10.3 Der evolutionsgläubige Mensch – im Strudel der Sinnlosigkeit 162
10.4 Die Herkunft des Menschen 165
10.5 Das biblische Menschenbild 170
10.5.1 Der Mensch vor dem Sündenfall 170
10.5.2 Der Mensch nach dem Sündenfall 171
10.6 Die Bestimmung des Menschen 173
10.7 Der Wert des Menschen 174
Literatur 179
Namenverzeichnis 186
Verzeichnis der Bibelstellen 187

Vorwort

Denken wir über unsere menschliche Existenz näher nach, so stoßen wir automatisch auf drei Grundfragen: *Woher kommen wir? Wozu leben wir? Wohin gehen wir?* Diese drei Fragen nach Ursprung, Sinn und Ziel unseres Lebens sind so eng miteinander verknüpft, daß das eine nicht losgelöst vom anderen betrachtet werden kann. Sehen wir die Herkunft unseres Lebens falsch, so werden auch die daraus folgenden Menschenbilder hinsichtlich Sinn und Ziel grundsätzlich falsch sein. Die Wahrscheinlichkeit, aus philosophisch-naturwissenschaftlichen Denkansätzen heraus zu einer Beantwortung der Herkunftsfrage zu kommen, ist nicht nur äußerst gering, sondern *prinzipiell unmöglich*. Die angesprochenen Grundfragen brennen uns so sehr auf den Nägeln, daß wir echte und verbindliche Antworten suchen. So sind wir davon überzeugt, die einzig richtige Antwort nur von Gott, dem Schöpfer, zu erhalten, denn nur seine Antwort trägt das Siegel der Wahrheit. Bei allen heftigen Kontroversen ist die Frage nach der Gültigkeit des biblischen Schöpfungsberichtes sowie der Bibel überhaupt hochaktuell. In dem vorliegenden Buch geht es in erster Linie darum, die Aussagen der Bibel als von Gott autorisierte Information in unsere Zeit hinein zur Sprache zu bringen.

Die aus dem Geist des Materialismus geborene Evolutionslehre kommt durch Zitate ihrer potentiellen Vertreter reichlich zum Ausdruck, so daß der Leser sich in der Gegenüberstellung zum biblischen Zeugnis der Schöpfung ein eigenes Bild verschaffen kann. Auffassungen, die zur Entstellung und Aushöhlung biblischer Aussagen geführt haben, werden im Lichte des Wortes Gottes behandelt und nach diesem Maßstab beurteilt. Die Auseinandersetzung mit den vielen Ideen und Irrungen unserer Zeit verlangt zunehmend klare Positionen und eindeutige Standpunkte. So wurde bei aller wissensmäßigen Betrachtung in glaubender Haltung versucht, dieses Ziel zu erreichen.

Den Stoff allgemeinverständlich darzustellen, war ein weiteres gesetztes Ziel. Die Graphiken sollen dazu ebenso verhelfen wie die

Fußnoten, in denen schwierigere Zusammenhänge oder weniger geläufige Begriffe und physikalische Einheiten erklärt werden. Wegen der kräftigen und deutlichen Sprache ziehen wir für die meisten wörtlichen Bibelzitate die *Luther*-Übersetzung heran. Gelegentlich parallel verwendete andere Übersetzungen sollen zur Vertiefung oder sprachlichen Ergänzung eines Gedankens dienen. Wo es auf eine besondere Wortnähe zum biblischen Grundtext ankommt, wurde auf die *Elberfelder Übersetzung* zurückgegriffen.

Wenn es von der Thematik des Buches her zwar vorrangig um die biblischen Schöpfungsaussagen geht, so wird die folgerichtige Konsequenz für die Sinn- und Zielfrage des Menschen insbesondere im letzten Kapitel aufgezeigt. Wir möchten, nachdem das biblische Menschenbild erarbeitet wurde, dazu einladen, den Schöpfer und Herrn persönlich zu ergreifen. Wer das tut, an dem erfüllt sich der Wille JESU: »Ich lebe, und ihr sollt auch leben!« (Joh 14,19).

Dankbar bin ich meiner lieben Frau, mit der ich in bewährter Weise die Aspekte dieses Buches durchsprechen konnte. Bei der Durchsicht des Manuskriptes gab sie mir wertvolle Anregungen; ebenso hat sie die mühevolle Arbeit der Maschinenschrift übernommen.

Werner Gitt

Vorwort zur 3. Auflage

In einer Zeit zahlreicher Umbrüche stimmt es mich froh, daß die Nachfrage nach biblischen Antworten anhält. So freue ich mich, daß nun die dritte Auflage hinausgehen kann. Dankbar bin ich allen Lesern, die mir wichtige Hinweise zur Verbesserung gaben.

Werner Gitt *November 1989*

1. Einleitung

Wenn wir uns also in dem vorliegenden Buch mit dem biblischen Zeugnis der Schöpfung eingehend befassen wollen, dann müssen wir zuvor einen wichtigen Punkt abklären, nämlich: *Wie lesen wir die Bibel?* Von der Beantwortung dieser Frage wird das Ergebnis nicht nur mitbestimmt, sondern vom Schriftverständnis hängt alles grundlegend ab. Neben zahlreichen Nuancierungen gibt es vier generelle Auffassungen zur Bibel:

(1) Sie ist ein hervorragendes Buch der Weltliteratur, das aber rein menschlich und ohne göttliche Eingebung entstand.
(2) Sie ist nur teilweise von Gott gegeben. Gott hat nur die großen Linien der Offenbarung mitgeteilt. Es stand aber im Belieben der Verfasser, eigene Gedanken und zeitbedingte Vorstellungen weiter zu entfalten.
(3) Sie ist ein rein göttliches Buch, das dem Schreiber wortwörtlich diktiert wurde. Seine Individualität war dabei vollständig ausgeschaltet.
(4) Sie ist ein göttliches Buch in dem Sinne, daß die Verfasser vom Heiligen Geist geführt wurden. Gott überwachte das Niederschreiben der Urtexte bis in die Wahl der korrekten sprachlichen Ausdrucksweisen. Die Bibel hat aber gleichzeitig auch eine menschliche Komponente: Die Persönlichkeit des Verfassers wurde keineswegs ausgeschaltet; sie schrieben gemäß ihrer eigenen Wesensart und brachten eigene Empfindungen und Stimmungen ebenso zum Ausdruck wie ihren individuellen Schreibstil.

Fragen wir nach dem Selbstzeugnis der Bibel, so wollen wir zwei Texte besonders hervorheben:

2. Timotheus 3,16: »Denn **alle** Schrift, von Gott eingegeben, ist nütze zur Lehre, zur Aufdeckung der Schuld, zur Besserung, zur Erziehung in der Gerechtigkeit.«

2. Petrus 1,21: »Denn es ist noch **nie** eine Weissagung aus menschlichem Willen hervorgebracht, sondern von dem Heiligen Geist getrieben haben Menschen im Namen Gottes geredet.«

Auf Grund dieser biblischen Aussagen müssen wir die Auffassungen (1) bis (3) verwerfen und gehen von der Position (4) aus. JESUS bestätigte vorbehaltlos die Wahrheit der ganzen Schrift, und auch Paulus »glaubte allem, was geschrieben steht« (Apg 24,14). So wollen auch wir die ganze Bibel als das von Gott autorisierte Wort der Wahrheit nehmen und jedem Wort unser volles Vertrauen schenken. Wie könnte *Mose* von der Schöpfung der Welt sprechen *(rückwärtige Prophetie*)* und *David* tausend Jahre im voraus sagen, welche Worte der Herr JESUS am Kreuz beten wird *(vorwärtsgerichtete Prophetie),* wenn Gott dieses Buch nicht autorisiert hätte? Er wachte mit seinem Heiligen Geist darüber, daß die für uns Menschen wichtige Information uns unverfälscht erreicht. Manche Leute akzeptieren die Bibel in ihrer Gesamtheit, aber in Einzelheiten nehmen sie das Wort nicht ernst und vertrauen eigenen oder übernommenen Anschauungen mehr. Für JESUS war jede Einzelheit bedeutsam, und er machte sie zum Gegenstand einer tiefgründigen Auslegung. Hier wollen wir JESUS nachfolgen und jede Aussage der Schrift als wahr annehmen. Wir meinen hierbei nicht eine tote Buchstabenkrümelei, sondern das lebendige und wirksame Wort in seiner allzeit gültigen Aktualität. Wer mit dem Worte Gottes ernst macht, läuft nicht Gefahr, diese Gedanken bald widerrufen zu müssen.

Diese grundlegenden Fragen nach dem Verständnis der Bibel hat der Verfasser in dem Buch *»Das Fundament – zum Schriftverständnis der Bibel«* [29] ausführlich behandelt.

* **Prophetie** ist die sichere Vorhersage eines bestimmten freien Ereignisses der Zukunft, die nicht mit normalen Mitteln der menschlichen Erkenntnis, sondern durch göttliche Offenbarung geschieht. Vorwärtsgerichtete Prophetie ist die frühere Bekanntgabe späterer Ereignisse, und unter rückwärtiger Prophetie verstehen wir die durch den Geist Gottes eingegebene Information aus früherer Zeit, die rein menschlich ebenso nicht zugänglich ist.

2. Standortbestimmung in der Deutung des Schöpfungsberichtes

Die Bibel ist für die Christen von jeher letzte Autorität für Glauben und Leben, ja für alles Denken überhaupt gewesen. Somit stand auch der Schöpfungsbericht mit seinem Zeugnis unangefochten für den Menschen da. Beginnend mit der historisch-kritischen Betrachtung der Bibel seit dem 17. und 18. Jahrhundert, setzte eine systematische Abwertung ihrer Aussagen ein. Man hielt sich für kompetent, die Bibel auf historische Glaubwürdigkeit zu hinterfragen und meinte, zuverlässige Berichte von Sagen, Legenden und Mythen trennen zu müssen. Mit dem Aufkommen und der Verbreitung des Darwinismus ging eine weitere pauschale Skepsis zur Bibel einher. In der Theologie hat sich die Schriftfrage zum eigentlichen Krisenpunkt Nummer eins zugespitzt. *H. W. Beck* [8] charakterisierte die heutige Lage so:

> »Die Krise der europäischen, speziell protestantisch-deutschsprachigen Theologie ist die Krise der Stellung zur Schrift. Der Zugang zur Schrift ist durch die historisch-kritische, hermeneutisch-existentialisierende und entmythologisierende Theologie in die freie Beliebigkeit gestellt worden. Hier kann man deshalb auch nichts Verbindliches mehr formulieren.«

Auf einem solchen geistlichen Hintergrund hat die Evolutionslehre mit keinem theologischen Widerstand mehr zu rechnen. Dennoch ist in unseren Tagen ein großes Fragen aufgebrochen, das sich sowohl an der Fülle naturwissenschaftlicher Fakten, die gegen Evolution sprechen, als auch an der Bibel entzündet. Selbst in Zeitschriften mit vorgegebener fachspezifischer Thematik, wie Ärzteblätter, technische Fachzeitschriften oder naturwissenschaftliche Periodika – wo wir es wirklich nicht vermuten würden – finden wir heute zunehmend Artikel mit solchen Überschriften wie »Hat die Bibel immer recht?« oder »Bibel und Wissenschaft«. In den meisten derartigen Fällen wird zugunsten der Evolutionslehre geringschätzig von der Bibel und da insbesondere vom Schöpfungsbericht geredet. Die Sachkenntnis **aus** der Bibel ist dabei oft so beschämend gering, daß Bibelkenner über die Oberflächlichkeit der Darlegungen nur erschüttert sein können. Hier wird der Satz wahr: »Es ist nicht wichtig, was wir über die Bibel **gehört haben,** sondern was wir aus der Bibel **wissen**.«

Leider reicht die Geringschätzung des Schöpfungsberichtes bis in weite Kreise der heutigen Theologie hinein. *H. Willner* gibt in der religionspädagogischen Zeitschrift *»Zum Beispiel«* drei Gründe dafür an [87]:

> »Seit der Aufklärung ... wurde es immer schwieriger, die Schöpfungsberichte der Bibel unbefangen hinzunehmen. Der säkularisierte Mensch unserer Zeit, der sich gern mündig nennt, findet zu den Schöpfungstexten kaum noch Zugang.
>
> Ein nicht unerheblicher Grund für die Geringschätzung der Schöpfungsgeschichten der Bibel läßt sich auch darin finden, daß sich uns sehr fest geprägte Vorstellungen aufgedrängt haben, die zwar ihren Ursprung weniger im Text als in der kirchlichen Auslegung finden.
>
> Schließlich drängt sich eine dritte Begründung auf: Die christliche Kirche, die evangelische nicht anders als die katholische, hielt über Jahrhunderte hinweg an starren Denkgewohnheiten fest.«

In seinem Aufsatz *»Schöpfung«* stellt *H. Willner* weiterhin fest:

> »In der neuesten Zeit haben im Gegensatz dazu viele Theologen biblische Wahrheiten überstürzt preisgegeben, so daß es nicht zu einer notwendigen Überprüfung überholter Fragestellungen kam, sondern eher zu einer servilen Kapitulation vor der Glaubensfrage überhaupt. Kein Wunder, wenn diesen Theologen die Schöpfung Gottes leere Formel eines ohnehin nicht mehr tragbaren Dogmas ist. Der schlichte Gläubige ist heute allenfalls bereit, die biblischen Texte von der Erschaffung der Welt als poetisches, traditionelles Bildungsgut gelten zu lassen. Einen Aussagewert mißt er ihnen kaum noch zu.«

Die weitaus meisten Zeitgenossen haben sich heute an die Evolutionslehre gekoppelt, nicht weil dieses philosophische System einsichtiger wäre oder naturwissenschaftlich belegt sei, sondern weil sie durchweg einseitig und ausschließlich in darwinistischem Sinne unterwiesen worden sind. Dieses Buch wurde darum mit dem Ziel geschrieben, auch die biblische Position bekannt zu machen.

Lange vor *Darwin* waren in der Theologie Weichen gestellt worden, die es erlaubten, jede beliebige Philosophie in den Schöpfungsbericht einzubauen. Der bibeltreue Theologe Dr. *J. Cochlovius* [15] hat dargelegt, wie es zum fachtheologischen Niedergang in der Deutung des Schöpfungsberichtes kam. Danach hat die Kritik des *Pentateuch**, d. h. die kritisch-theologische Untersuchung, eine lange Tradition. Von dem jüdischen Philosophen *Baruch Spinoza* wurde 1670 die Verfasserschaft *Moses* bestritten, und der französische Arzt *Astruc* stellte aufgrund der verschiedenen Gottesnamen *(Jahwe* und *Elohim)* die These auf, daß *Mose* verschiedene bruchstückhafte Quellen zusammengesetzt habe. Zahlreiche Hypothesen mit divergierenden philosophischen Voraussetzungen wechselten einander ab. Die Einflüsse der *Hegel*schen Geschichtsphilosophie, der Quellenscheidungstheorie und die Methoden der Formkritik sowie der Kniefall vor der *Darwin*'schen Lehre kennzeichnen die heutige fachtheologische Situation, die *J. Cochlovius* so charakterisiert: »Was das erste Buch Mose betrifft, so herrscht heute an den theologischen Fakultäten darin ein großer Konsens: Es ist historisch höchst unzuverlässig.« *Gerhard von Rad* (ATD, Das erste Buch Mose, 2. Aufl.) stellt fest: »Die alte naive Anschauung von der Historizität dieser Überlieferungen ... ist dahingefallen.« Die modernistische Theologie hat am Schöpfungsbericht totale Tabula rasa betrieben [15]:

> »Die theologische Bewertung des eigentlichen Schöpfungsberichtes ist ... von ausgesprochener Geringschätzung gekennzeichnet. Er gilt als theologischer Diskus-

* **Pentateuch** (griech., *fünfbändiges Buch*): Bezeichnung für die fünf Bücher Mose. Es sind die ersten fünf Bücher der Bibel, die von den Juden auch als Thora (Gesetz, Weisung) bezeichnet werden.

sionsbeitrag eines jüdischen Priesters bzw. einer Priesterschaft aus dem sechsten vorchristlichen Jahrhundert, in dem der Gott Israels, der im jüdischen Glauben vorwiegend als Gott der Geschichte verehrt wurde, auch als Schöpfer der Welt bezeugt werden soll. Eine größere Bedeutung hat der Schöpfungsbericht in der heutigen Fachtheologie nicht. Da und dort greift man zwar im Gespräch mit der ökologischen Bewegung auf ihn zurück, um die Verantwortung des Menschen vor der Schöpfung zu betonen.«

Wer von einer solchen Theologie herkommt, dem erscheinen Naturwissenschaftler, die aus ihrer fachspezifischen Kenntnis die Evolutionslehre ablehnen, als »befremdliche, manchmal skurrile Mahner«, wie sie im Redaktionsartikel der liberaltheologischen Zeitschrift *»Evangelische Kommentare«* [66] bezeichnet werden. Beachtlich ist das Eingeständnis:

> »Andere Beweisführungen zur Unterminierung der Evolutionstheorie sind ... mit überwältigendem fachwissenschaftlichen Material belegt, daß in diesem Fall der Nicht-Naturwissenschaftler kapitulieren muß. So hat der Informatiker *Werner Gitt* von der *Physikalisch-Technischen Bundesanstalt* in Braunschweig vor einem Jahr einen Kongreß mit dem Titel *›Struktur und Information in Technik und Natur‹** veranstaltet, auf dem neun deutsche und österreichische Wissenschaftler, davon acht Professoren, Argumente gegen die Evolutionslehre zusammengetragen haben.«

Der Redakteur stellt die Frage, ob dieser ungeheure Aufwand an Fachgelehrsamkeit überhaupt gerechtfertigt ist. Die Antwort ist trivial: Von einer Minderheit abgesehen, ist der theologische

* Die Berichte mit den neun Fachbeiträgen aus unterschiedlichen Wissenschaftsbereichen waren wegen der starken Nachfrage in kurzer Zeit vergriffen. Sie liegen nun aber als Buch mit dem Titel *»Am Anfang war die Information«* [27] vor, wobei im Vorwort des Herausgebers nun noch eine ausführliche und leicht verständliche Zusammenfassung der Einzelbeiträge vorangestellt wird.

Ausverkauf an die Evolution so tiefgreifend, daß insbesondere unsere Jugend in eine Denk- und Glaubensnot ohnegleichen geraten ist. Hier ist darum dringende Hilfe geboten.

Der Aachener Professor für »Evangelische Theologie und ihre Didaktik« *Sigurd Martin Daecke* [16] spricht von einem »Nichtangriffspakt« zwischen Theologie und Naturwissenschaft, wobei er den evolutionistischen Part meint. Da die meisten Theologen zur Evolution konvertierten, ist von hier aus auch kein Gegenargument zu dieser Naturphilosophie zu erwarten [16]:

> »Der weitaus größte Teil der deutschsprachigen evangelischen Theologie ... bejaht jedoch den Evolutionsgedanken, auch in seiner neodarwinistischen Gestalt, durchaus, betrachtet ihn aber als theologisch irrelevant und gleichgültig für den christlichen Glauben.«

Hier wird also in das gleiche Horn gestoßen, in das auch die atheistischen Evolutionisten blasen. Wie sieht es nun im konservativen und evangelikalen Lager aus? Auch hier ist in vielen Fällen schon die Axt dem Baum an die Wurzel gelegt, d.h., als Konzession an die Evolutionslehre begibt man sich auf den gefährlichen Weg der Sinnveränderung des biblischen Textes. Der Ausspruch *Spurgeons:* »Es ist nichts neu in der Theologie – ausgenommen das, was falsch ist«, gewinnt heute wieder eine besondere Aktualität. Bei allem Beklagenswerten, was die Theologie betrifft, so gibt es auch Erfreuliches: Unabhängig vom Strudel der Zeit bezeugen schriftgebundene Verkündiger die uneingeschränkte Botschaft der Bibel und werden auf diese Weise vielen Menschen zum Segen.

Die Tatsache, daß die Evolutionslehre trotz größter Anstrengungen ihrer Vertreter immer noch keine Naturwissenschaft ist, sondern Naturphilosophie, wurde in der Vergangenheit allzu oft übersehen. Der Zoologe und Begründer der Umweltforschung *Jakob von Uexküll* (1864–1944) schätzte schon seinerzeit die Lage richtig ein:

> »Wir stehen am Vorabend eines wissenschaftlichen Bankrotts, dessen Folgen noch unübersehbar sind. Der Darwi-

nismus ist aus der Reihe der wissenschaftlichen Theorien zu streichen.«

Mit dem heutigen Kenntnisstand der Naturwissenschaft ist es möglich, die Grundpfeiler der Evolutionslehre ohne weltanschauliche oder philosophische Gedankengänge allein aufgrund von Forschungsergebnissen in Physik, Chemie, Informatik, Biologie, Medizin u. a. zu erschüttern. Zahlreiche Wissenschaftler (z. B. 24, 26, 27, 45a, 45b, 73, 80, 85, 86]) haben dies aus ihren Fachgebieten heraus getan.

Im Bereich der Informatik konnten für den Informationsbegriff mehrere grundlegende Erfahrungssätze abgeleitet werden, deren Aussagekraft Naturgesetzen gleichkommt [24, 27a, 29a]. In dem dazu grundlegenden Buch »Am Anfang war die Information« [29a] sind 30 Naturgesetze über Information formuliert und an Hand zahlreicher Beispiele allgemeinverständlich erläutert. Mit Hilfe dieser universell gültigen Sätze ist die atheistische Evolutionslehre sogar prinzipiell widerlegbar. Daß auch die theistische Variante dieser Lehre nicht haltbar ist, wird in [29a] mit Hilfe der Wissenschaftstheorie, einiger wissenschaftlicher Fachgebiete und der Bibel ausgiebig begründet.

Voreilig hat insbesondere seit *Darwin* die Theologie einen Rückzug ohnegleichen vom biblischen Standort angetreten. In den Jahrhunderten zuvor stand es weitgehend fest, daß der allmächtige Gott das Universum und die Erde mit allem Leben darauf in sechs Tagen von je 24 Stunden erschaffen hatte. Inzwischen ist man zuweilen bis in evangelikale Kreise hinein weitgehende Konzessionen an die Evolutionslehre eingegangen und hat die Tage der Schöpfungswoche zu willkürlich langen Zeitperioden ausgedehnt. Dabei verließ man unversehens die Wortbedeutung in Genesis 1, denn **jom echad** heißt in der Tat der **erste Tag,** ein Tag wie jeder andere unserer Arbeitswoche. Ethymologisch ist daran nichts zu rütteln. Was Gott für wert hält zu offenbaren, ist wert, daß wir es bezeugen.

3. Ein Angelpunkt des Bibelverständnisses: Wie lange dauerte ein Schöpfungstag?

Die Frage nach der Dauer der Schöpfungstage hat schon viele Gemüter bewegt. Die Positionen sind dabei oft so divergierend, daß ein Nichtbibelleser meinen könnte, die Bibel mache dazu überhaupt keine Aussagen. Evolutionistisch orientierte Artikel beginnen häufig damit, biblische Zeitvorstellungen ins Lächerliche, Absurde, Unmögliche oder Kuriose zu ziehen. Zu den größten Abscheulichkeiten in dieser Welt gehört für die Evolutionisten das Zeugnis einer jungen Erde und der Schöpfung in sechs Tagen.

Der englische Physiker Sir *William Thomson* (1824–1907), seit 1892 *Lord Kelvin of Largs,* der zu den Mitbegründern der Thermodynamik zählt und nach dem heute die Skala der absoluten Temperatur benannt wird, berechnete aufgrund der Temperaturverhältnisse im Erdinnern das Alter der Erde und kam zu Zeiten, die für die damals aufstrebende Evolutionslehre unannehmbar waren. *Ch. Darwin* nannte *Lord Kelvin* darum auch ein »verhaßtes Gespenst« und befürchtete, daß es mit seiner neuen Lehre bald vorbei sei, wenn *Kelvin* recht hätte [83]: »Die kurze Geschichte der Erde, die *Lord Kelvin* vertritt, macht mir Sorge, weil meine Theorien eine sehr lange Periode voraussetzen.« Das Erstaunlichste für den Verfasser als Naturwissenschaftler ist, daß insbesondere die Theologie sich aufmachte, die sehr langen Zeitperioden »bereitzustellen«. Im wesentlichen lassen sich vier Wege unterscheiden, nach denen man die eindeutige und klare Sprache der Schrift umdeutet, um zu den ersehnten oder aufgezwungenen langen Schöpfungstagen zu kommen:

1. Zeitaltertheorie: Der Ausdruck »Tag« wird als eine lange Zeitspanne gedeutet. Man spricht von »Zeitaltern«, »Zeitperioden« oder »Zeitepochen«. Eine vielzitierte Begründung entlehnt man mit Konstanz Psalm 90: »Tausend Jahre sind vor dir wie ein Tag.«

2. Theorie der Offenbarungstage: Die Tage der Genesis werden danach nicht als Schöpfungstage sondern Offenbarungstage aufgefaßt. Diese Annahme geht davon aus, daß dem Schreiber der Schöpfungsgeschichte an sechs aufeinanderfolgenden Tagen die verschiedenen Aussagen eingegeben wurden. Auch hier ist es das Anliegen, sich von dem zeitlichen Schöpfungsgeschehnis von jeweils 24 Stunden loszusagen.

3. Die Filmtheorie: Von Prof. *H. Rohrbach* [69] stammt die Filmtheorie, wonach der Schöpfungsbericht lediglich eine filmische Zeitrafferdarstellung eines »in Wirklichkeit« ungeheuer langen Prozesses des Werdens darstellen soll:

> »Es ist, als ob der Prophet einen Film sieht, in dem der gewaltige Vorgang der Schöpfung, mittels Zeitraffer zusammengeballt, vor ihm abrollt. Er sieht Bewegung, ein Geschehen und Werden, hört Gott reden, erkennt, wie die Erde sich mit dem Grün der Pflanzen bedeckt, und schaut alles plastisch wie bei einem modernen dreidimensionalen Breitwandfilm in Ton und Farbe.«

Wie sehr *Rohrbach* im evolutionistischen Denken verhaftet ist, zeigen folgende Sätze aus seinem Aufsatz [69]:

- »Es werde Licht! Dieses Licht ist ... Strahlungsenergie, ultrakurz bis lang, vom Worte Gottes gesetzt und zum Urknall mit einer ungeheuren Lichtfülle veranlaßt.«
- »Es ist also möglich, unser Sonnensystem als ein Zufallsprodukt im Weltall zu verstehen.«

Bei der Frage nach der Herkunft des Menschen verstrickt er sich dann in sehr vage philosophische Gedankenspielereien, wonach der Evolutionsprozeß wieder als Methode Gottes angeboten wird: »Der Vorgang der Menschwerdung ist vom Sichtbaren her gesehen ein Entwicklungsprozeß, vom Unsichtbaren her gesehen ein Schaffensakt Gottes.«

4. Theorie des literarischen Tages: Nach dieser Theorie wird vermutet, daß die Schöpfungstage lediglich ein literarisches Hilfsmittel darstellen, um eine thematische Gliederung zu erzielen.

Die einzelnen »Schöpfungstage« werden danach wie Kapitel eines Buches angesehen.

Wie man sofort erkennt, versuchen alle diese Theorien von der eigentlichen biblischen Aussage loszukommen, um so zu einer theistischen Variante der Evolution zu gelangen. Diesen Auslegungsansatz lehnen wir grundsätzlich als unangemessen ab, da er nicht im Vertrauen auf Gottes Wort gegründet ist, sondern menschliche Philosophie zum Ausgangspunkt hat. Die Abänderungsversuche, die Schöpfungstage in lange Zeiträume zu verwandeln, seien mit einigen Zitaten belegt. Von *W. Schaaffs* stammt die Idee des logarithmischen Zeitmaßstabes für die Schöpfungstage, wonach er dann die für die Evolution benötigten Jahrmilliarden und Jahrmillionen auf willkürlichem Wege wie folgt erhält [71]:

> »Man geht daher so vor, daß man auf der Abszisse in gleichen Abständen Markierungen mit den Bezeichnungen 0, 1, 2, 3, 4, 5, 6, 7 anbringt und sie beispielsweise ›Tage‹ nennt. Die Ordinate wird ebenfalls in gleich lange Abschnitte eingeteilt, doch werden die Enden dieser Abschnitte nach einem nichtlinearen Maßstab markiert, z. B. beginnend mit 50000 und mit jeder weiteren Markierung jeweils um den Faktor 10 ansteigend. Bei Beginn der Schöpfung, also am Tage ›0‹, befinden wir uns etwa bei der Ordinate 10 Milliarden Jahre, am Ende des ersten Schöpfungstages bei etwa 5 Milliarden Jahren, am Ende des zweiten bei etwa 1,5 Milliarden, am Ende des dritten bei etwa 500 Millionen, am Ende des vierten bei etwa 150 Millionen, am Ende des fünften bei etwa 20 Millionen, am Ende des sechsten bei etwa 500000 Jahren. Was dann als siebenter Tag kommt, ist seit etwa 20000 Jahren schon ›Gegenwart‹. In dieser Weise erhält man eine Kurve, aus der man mit einem Blick die zeitliche Entwicklung vom Chaos bis zum Menschen ablesen kann.«

Nach einem solchen Prozedere triumphiert er dann: »Wir haben **gelernt**, daß ein Schöpfungstag einem Kalendertag *nicht* gleich ist, sondern eine gewaltige Entwicklungsepoche darstellt.« Wer hier meint, »was soll eigentlich der Streit um ein paar biblische Nebensächlichkeiten«, der kann schnell eines Besseren belehrt werden. Die Bibel markiert den Tod in dieser Welt als Folge der Sünde. Bei seinen Gedankenflügen hat *Schaaffs* Grundsätzliches **verlernt,** denn er behauptet »Das Sterben ist in der Natur draußen nicht eine Folge ... eines Abfalles von Gott, sondern eine weise planmäßige Einrichtung des Schöpfers.« Die Verdrehung biblischer Aussagen ist hier also perfekt. Das Wort eines sarkastischen Briten erhält hier seine Bedeutung: »Und dies, meine Herren, sind die Meinungen, auf denen ich meine Tatsachen begründe.«

J. Illies gibt die nach **seinem Ermessen** eingeführte Korrektur an der Schrift unverhohlen zu. Er bedient sich gegenüber *Schaaffs* der Methode der einfacheren Zeitdehnung mit einem konstanten Wert: »Mit dem Korrekturfaktor 1:365000 käme man übrigens auf zwei Milliarden Jahre, was der Wahrheit schon sehr viel näherliegt!« Danach ist also nicht mehr das Wort Gottes die Wahrheit (Joh 17,17; Ps 119,160), sondern die vorgefaßte evolutionäre Anschauung. In einem nachfolgenden Kapitel über »theistische Evolution« wird eindringlich vor dieser verführerischen Idee gewarnt. Wie weit diese haarsträubende, antibiblische Auffassung geht, hat *E. Jantsch* aufgezeigt, der von »Prozeßphilosophie und -religion« spricht [45]:

> »Die Menschheit wird nicht von einem Gott erlöst, sondern aus sich selbst heraus ... Die Gottesidee steht hier nicht als ethische Norm über und außerhalb der Evolution, sondern wird echt mystisch in die Entfaltung und Selbstverwirklichung der Evolution selbst hineinverlangt. *Hans Jonas* hat dieser evolutionären Gottidee den vielleicht großartigsten Ausdruck verliehen in seinem Gedanken, daß Gott sich in einer Abfolge von Evolutionen immer wieder selbst aufgibt, sich in ihr transformiert mit allen Risiken, die Unbestimmtheit und freier Wille im Spiel evolutionärer Prozesse mit sich bringen. Gott ist also nicht absolut, sondern er evolviert selbst – er **ist** die Evolution.«

Jeder Christ, der Abstriche irgendeiner Form am Schöpfungsbericht vornimmt, wird zum Steigbügelhalter eines solchen

Ideenkonglomerats, das zum antibiblischen und damit antigöttlichen System entartet.

Um die immer wieder gestellte Frage nach der Länge der Schöpfungstage hinreichend gründlich zu beantworten, müssen wir uns vorher noch eingehend mit den Zeitbegriffen der Bibel befassen. Nach dem daran anschließenden biblischen Zeugnis der Schöpfungsdauer wollen wir auf verschiedene, dagegen gerichtete Einwände ausführlich eingehen. Schließlich werden wir die Theorie der langen Perioden biblisch analysieren.

3.1 Was ist Zeit: Kairos oder Chronos?

Der Nobelpreisträger und Physiker *E. Schrödinger* sagte einmal: »Die Zeit ist wahrlich unser gestrengester Herr, indem sie das Dasein eines jeden von uns in enge Grenzen zwängt.« Dies mag der Grund dafür sein, warum Gelehrte aus allen möglichen Fachbereichen sich Gedanken über die Zeit gemacht haben und das Geheimnis im Letzten doch nicht lösen konnten. *Augustin* drückte das so aus: »Wenn mich jemand fragt, was Zeit ist, weiß ich es, was sie ist. Wenn ich es aber sagen soll, weiß ich es nicht.« Die Physik stellt in erster Linie die Frage nach der Meßbarkeit der Zeit. Das Nacheinander der Dinge, die Abfolge der Geschehnisse, d. h. die Zeitdauer, kann mit Hilfe eines in periodischer Folge sich wiederholenden Vorganges gemessen werden. Dieses Prinzip liegt nahezu allen Uhren – von der alten Pendeluhr bis zur modernen Atomuhr – zugrunde. Die Zeiteinheit wird auf der Grundlage von naturgesetzlich ablaufenden Vorgängen definiert. Früher wurde die Sekunde als der 86400ste Teil eines Tages definiert. Heute ist die Sekunde als jene Zeit definiert, die das 9192631770fache einer charakteristischen Schwingung im Cäsium-Atom dauert. Die genaueste Uhr dieser Art steht in Braunschweig bei der *Physikalisch-Technischen Bundesanstalt.* Ihre relative Unsicherheit ist so gering, daß auf 5 Millionen Jahre – wenn es sie gäbe – nur eine Sekunde Abweichung käme.

Wenn die Bibel von Zeit spricht, so behandelt sie in erster Linie die mit der Zeit in Zusammenhang stehende Sinn- und Existenzfrage des Menschen. Die Bibel unterscheidet zwischen zwei wesensmäßig verschiedenen Zeiten, die im griechischen Neuen Testament durch die Begriffe *Chronos* und *Kairos* gekennzeichnet sind. Da es in unserer wie auch in den meisten anderen Sprachen diese wortmäßige Unterscheidung nicht gibt, ist es im Bereich der Bibelauslegung schon häufig zu Fehlschlüssen großer Tragweite gekommen, weil durch Gleichschaltung beider Zeitbegriffe ihre prinzipielle Andersartigkeit nicht beachtet wurde.

3.1.1 Chronos: Die Zeit des Menschen

Chronos ist die physikalisch meßbare Zeit und damit die historisch ablaufende Zeit der Chronologie. Ihr liegt eine strenge Gesetzmäßigkeit zugrunde, in die auch wir Menschen eingebunden sind. Schlechthin zum Maß dieser Zeitvorstellung und Zeiteinteilung sind uns Tag, Monat und Jahr geworden. *H. Kemner* [48] hat das so charakterisiert: »Im Chronos wird die Zeit als die Summe der Momente einer linearen Bewegung in Raum und Zeit begriffen.« Damit ist etwas Wesentliches ausgedrückt: Diese Zeit ist nicht von Raum und Materie zu trennen. *Zeit, Raum* und *Materie* bilden die physikalische Grundsubstanz dieser Welt, und es kann das eine nicht losgelöst vom anderen betrachtet werden. Dies ist eine naturgesetzliche Gegebenheit der Schöpfung, in der wir leben. Die kleinste Zeitspanne, die die Physiker je messen konnten, ist die Lebensdauer bestimmter seltener Elementarteilchen, die nur für den billionsten Teil einer billionstel Sekunde existieren. Fragen wir nach der längsten Zeitspanne, so ist es diejenige Zeit, die seit der Schöpfung dieser Welt vergangen ist. Mit der Erschaffung der Materie aus dem Nichts (Hebr 11,3) trat daran gekoppelt auch die Zeit in Existenz. Gemäß *Bild 1* nennen wir diesen Zeitpunkt t_{Anfang}. Die Zeitachse ist eine lineare, eindimensionale Erscheinung mit einer definierten Anfangsmarke. Die chronologische Zeit ist dadurch gekennzeichnet, daß sie ständig fortschreitend ist und nur in einer Richtung abläuft. Sie ist für uns weder umkehrbar noch wiederholbar. Wir sprechen vom Strom der Zeit. Irgendwo auf dieser Achse liegt unser gegenwärtiger Zeitpunkt. Strenggenommen hat die Gegenwart (das Jetzt) keine Dauer. Alles, was hinter diesem Zeitpunkt liegt, nennen wir

Vergangenheit, und das, was vor uns liegt, Zukunft. Es stellt sich die Frage, ob die Zeitachse eine zukünftige Begrenzung hat, oder ob sie endlos ist. Die Antwort der Bibel ist hier klar und eindeutig:

> Matthäus 24,35: »Himmel und Erde werden vergehen.«
> 1. Korinther 7,31: »Das Wesen dieser Welt vergeht.«
> 1. Petrus 4,7: »Es ist aber nahe gekommen das Ende aller Dinge.«

Diese Worte markieren eindringlich, daß diese Welt auf Abbruch gebaut ist. Wenn aber diese Welt und ihr materieller Inhalt begrenzt sind, dann muß wegen der o.g. Kopplung von Raum, Materie und Zeit auch die Zeit einer Begrenzung unterliegen. In der Tat berichtet die Bibel genau dies in Offenbarung 10,6: »...daß hinfort *keine Zeit* mehr sein soll.« Die chronologische Zukunft ist also nicht unbegrenzt, sondern sie hat ein von Gott festgesetztes Maß, das in *Bild 1* mit t_{Ende} bezeichnet ist. Der Heidelberger Astronom *H. Vogt* drückte den Sachverhalt so aus: »Es ist der ganze Kosmos – der Raum und sein materieller Inhalt – ein zeitlich begrenzter Komplex. Auch die Zeit hat mit der Entstehung des Kosmos begonnen. Was vor dem ›Zeitbeginn‹ war, entzieht sich unserer naturwissenschaftlichen Forschung.« Die Bibel ist das einzige Buch, das in einer gewaltigen Schau die Geschichte der Menschheit vom Anfang bis zum Ende aufzeigt.

Irgendwo auf dieser Zeitachse kann die Spanne unseres Lebens eingetragen werden. Unsere Zeit läuft weder im Kreis noch wiederholt sie sich. Sie läuft vorwärts, ist einmalig, unwiederbringlich und streng bemessen zwischen Geburt und Tod. Die Zeit begegnet uns anders als der Raum, den wir beliebig oft betreten können. Wir können wohl immer wieder den Ort unserer Kindheit aufsuchen, aber in die Zeit unserer Kindheit gelangen wir niemals. Die Zeit wird zur großen Einbahnstraße unseres Lebens.

3.1.2 Kairos: Die Zeit Gottes

Bezzel markierte unsere begrenzte Seinsumgebung mit den Worten: »Raum und Zeit haben an sich und in sich knechtende und einengende Wirkung.« Wesensmäßig völlig anders geartet

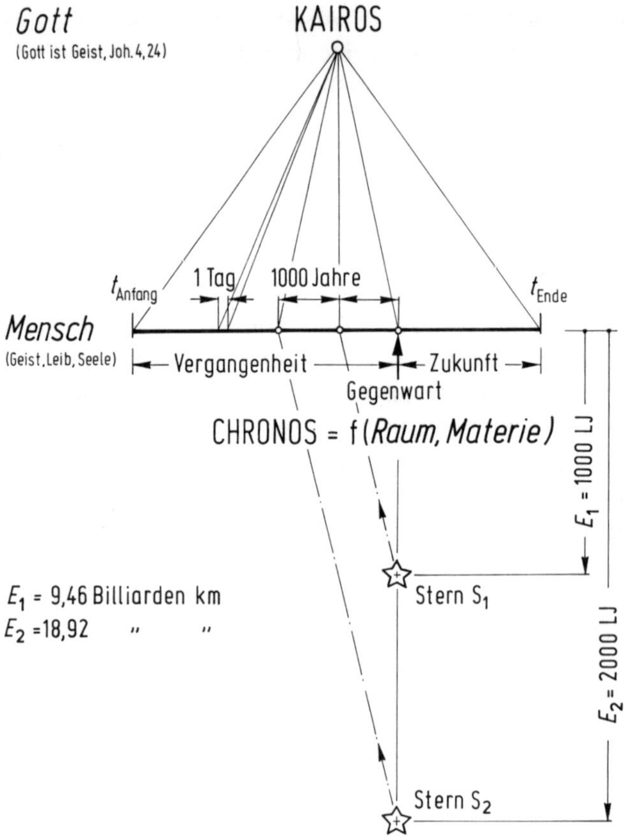

Bild 1: Das Wesen der Zeit.
Die Graphik veranschaulicht den prinzipiellen Unterschied zwischen Kairos und Chronos. Die beiden Zeitbegriffe dürfen nicht verwechselt werden, da dies zu schwerwiegenden Irrtümern im Bibelverständnis führen würde. Während Gott unabhängig vom Ablauf im Chronos die gesamte Zeitachse mit einem Blick erfaßt, durchlaufen wir Menschen in stetiger Folge ein uns zugeteiltes Maß in der fortschreitenden Zeit. Anders als bei Gott ist uns nur der jeweilige Augenblick Gegenwart. Eine gegenwärtige Vergangenheit ist uns gerade noch im Geist vorstellbar, wenn wir uns auf einen entfernten Stern versetzt denken und von dort aus zur Erde blicken. Die Zukunft bleibt uns vollends verschlossen. Nur durch prophetische Offenbarung Gottes ist uns ein Türspalt zur Zukunft geöffnet.

und frei von allen uns bekannten und eingrenzenden Eigenschaften des Chronos ist der Kairos Gottes. Die »Uhr Gottes« mißt nicht nach Sekunden, Stunden und Jahren, denn sie ist nicht gebunden an die Fesseln von Raum und Materie: »Oder ist deine Zeit (Gottes) wie eines Menschen Zeit, oder deine Jahre wie eines Mannes Jahre?« (Hi 10,5) Der Kairos Gottes ist die erfüllte Zeit, in der unsere einengenden Begriffe wie Vergangenheit und Zukunft keinen Platz haben. In *Bild 1* ist der Kairos darum auch außerhalb und oberhalb unserer Zeitachse eingezeichnet. Gott ist Geist und ist als Herr der Schöpfung nicht durch die von ihm geschaffenen Phänomene wie Raum und Zeit eingegrenzt. Gott sieht und übersieht die gesamte Zeitachse mit einem einzigen Blick, darum bedeuten unterschiedliche Zeitabschnitte auf unserer Zeitachse für ihn keine erst zu durchlaufenden Bereiche. Gott erfaßt 1000 Jahre mit demselben Blick wie irgendeinen herausgegriffenen Tag. Aus diesem Grunde gilt bei Gott, was uns zunächst unbegreiflich erscheint: »Denn tausend Jahre sind vor dir wie der Tag, der gestern vergangen ist, und wie eine Nachtwache« (Ps 90,4). Leider wird dieses Wort häufig fälschlicherweise dazu benutzt, um in den Schöpfungsbericht nach 1. Mose 1 eine Evolution mit langen Zeiträumen hineinzuinterpretieren. Vor solcher Vorgehensweise möchten wir sehr eindringlich warnen. Wer in dieser Weise mit Gottes Wort umgeht, müßte in gleicher Konsequenz das obige Psalmwort in Matthäus 27,63 einsetzen und käme auf diese Weise zu dem Satz: »In 3000 Jahren werde ich auferstehen.« Wenn das so gemeint wäre, würden wir heute noch auf die Auferstehung JESU warten. Er aber lebt: Der Herr ist auferstanden! Wir dürfen das Wort der Bibel nicht nach eigenen Wunschvorstellungen manipulieren, sondern haben auf die von Gott gegebene Information genau zu achten. Als mit der Erschaffung der Materie (1 Mo 1,1) auch die Zeit geschaffen war, geschah der weitere Ablauf der Schöpfungswerke gemäß dem biblischen Zeugnis streng chronologisch in Tagesrhythmen. Die Meßmethode dazu wird in 1. Mose 1,14 beschrieben: »Es werden Lichter an der Feste des Himmels, die da scheiden Tag und Nacht und geben Zeichen, Zeiten, Tage und Jahre.« Dies ist die erste und damit älteste Methode der Zeitmessung und weist den Schöpfungsablauf damit eindeutig dem Chronos zu.

Die Frage, ob Gottes Zeit und Menschenzeit ineinander umrechenbar sind, wird uns vollends beantwortet, wenn wir noch 2. Petrus 3,8 heranziehen: »Eines aber sei euch nicht verborgen, ihr Lieben, daß ein Tag vor dem Herrn ist wie tausend Jahre und tausend Jahre wie ein Tag.« In Gleichungsschreibweise bedeutet das:

1 Gottestag = 1000 Menschenjahre
1000 Gottesjahre = 1 Menschentag

Die Folgerung ist einsichtig: *Es gibt keine Umrechnungsformel für Kairos in Chronos und umgekehrt.* Kairos und Chronos unterscheiden sich also nicht nur in der Maßstabsfrage, sondern vor allem in der Qualität und der Dimension. Die Beachtung dieser Merkmale wird uns vor einer oberflächlichen Bibelauslegung bewahren. Die höhere Dimension des Kairos Gottes gegenüber dem Chronos wird uns immer dann deutlich, wenn Gott sich als der in Raum und Zeit souverän Handelnde bezeugt. So kann Gott von bereits abgeschlossenen Vorgängen sprechen, obwohl sie im Chronos noch Zukunft sind. Bevor das Volk Israel in den Kampf zieht, kann Gott den geschenkten Sieg über die Feinde als eine bereits abgeschlossene Handlung erklären: »Ich *habe* sie in deine Hände *gegeben*« (z. B. Jos 10,8). Im prophetischen Wort der Offenbarung wird auffallend häufig die grammatische Zeitform gewechselt. Wegen der Unabhängigkeit Gottes von unserem Chronos kann er Ereignisse, die für uns noch dem Bereich der Zukunft angehören, als geschehen und erledigt mitteilen.

Nach der Schöpfungsordnung Gottes besteht der Mensch aus Leib, Seele und Geist. Durch den Besitz des Geistes, der von Gott kommt (Pred 12,7), trägt der Mensch jenen Wesenszug Gottes, der es uns erlaubt, die Zeitachse in gewisser Weise zu relativieren. Stellen wir uns im Geist vor, wir befänden uns jetzt auf einem Stern S_1 (siehe *Bild 1*), der 1000 Lichtjahre von der Erde entfernt ist. Das Lichtjahr ist ein Entfernungsmaß und ist durch die Wegstrecke definiert, die das Licht in einem Jahr zurücklegt, und das sind 9,46 Billionen km. Stellen wir uns nun vor, wir würden durch ein entsprechendes Fernrohr von S_1 zur Erde schauen, so könnten wir Augenzeuge jener Ereignisse werden, die sich vor 1000 Jahren auf der Erde abspielten. Von einem Stern S_2 mit 2000

Lichtjahren Entfernung von der Erde hätten wir gar die Möglichkeit, einen Rückblick auf die Zeitachse zu tun, der in eine 2000 Jahre alte Vergangenheit führt. Ebenso könnten wir uns im Geist eine Position im All vorstellen, aus der wir gerade den Durchzug des Volkes Israel durchs Rote Meer beobachten könnten. Wenn wir uns schon – zwar nur vorstellungsmäßig im Geist – in eine Situation begeben können, die uns eine gewisse Gleichzeitigkeit aller vergangenen Ereignisse erleben läßt, wieviel mehr gilt das dann erst für Gott. Den Kairos Gottes können wir uns darum als eine *»ewige Gleichzeitigkeit«* vorstellen, bei der die gesetzmäßige Strenge des Nacheinander unseres chronologischen Ablaufs aufgehoben ist.

3.1.3 Die Zeitachse der Welt

Nur in der Bibel bekommen wir eine Gesamtschau dieser Welt, die zeitlich vom Anfang bis zum Ende reicht. In *Bild 2* ist die gesamte Zeitachse für das Bestehen dieser raum-zeitlichen Welt dargestellt. Von $t_{\text{Anfang}} = 0$ bis t_{Ende} ist damit die Weltgeschichte voll erfaßt. Auf der Zeitachse gibt es vier globale Ereignisse, die in ihren Folgen so einschneidend und bedeutend für diese Welt sind, daß wir ihre Situation naturwissenschaftlich und geistlich falsch deuten, würden wir auch nur ein Geschehnis außer acht lassen. Ein Zitat von *John C. Whitcomb* [83] belegt diesen Gedanken:

> »Es ist eine Illusion, zu glauben, man könne seine Weltanschauung durch eine sorgfältige und unvoreingenommene Erforschung der gesamten relevanten Daten aus Erfahrung und Logik gewinnen. Die Geschichte hat bewiesen, daß sich alle führenden Wissenschaftler bei ihrer Interpretation verschiedener wichtiger Aspekte unseres Universums vollständig getäuscht haben.«

Die vier herausragenden Ereignisse sind:

1. Die Schöpfung: Über die Herkunft dieser Welt und allen Lebens erfahren wir Grundsätzliches im Schöpfungsbericht und zusätzlich an zahlreichen anderen Stellen der Schrift. Es wird Entscheidendes über den Menschen mitgeteilt sowie über die ganze Schöpfung, die zielgerichtet für ihn gemacht ist. Berücksichtigt man diese Informationen nicht, verfällt man in evolutionistische Denkkategorien.

2. Der Sündenfall: Ohne dieses Ereignis bleiben Tod, Schmerz, Leid in dieser Welt unerklärlich. Wo in tausenderlei Abhandlungen Menschen darüber philosophiert haben, gelangten sie zu Weltanschauungen und Religionen, die wir aus biblischer Sicht zu den bedauerlichsten Irrwegen der Menschheit zu zählen haben.

3. Die Sintflut: Dieses weltweite Gericht über die Erde hat eine völlige Veränderung der Erdoberfläche und -schichten gebracht. Was wir heute in den empirischen Wissenschaften Geologie, Geographie, Ozeanographie, Paläontologie u.v.a. beschreiben, ist durch dieses globale Ereignis entstanden. Wo Grundsatzfragen in den o.g. Wissenschaften behandelt werden, die die Sintflut ausschließen, gelangt man automatisch in das verwirrende Dikkicht von Fehlinterpretationen.

4. Die Wiederkunft JESU: Das Kommen JESU in Macht und Herrlichkeit ist das große Ziel der Weltgeschichte. Hier mündet alles ein, und hier hört die Zeitachse auf. Der Herr sagt selbst: »Wer aber beharret bis ans **Ende,** der wird selig« (Mt 24,13). Diese Erde wird in einem Gericht durch Feuer (2 Petr 3,12; 2 Thes 1,7) vergehen, und ein »neuer Himmel und eine neue Erde« sind verheißen (2 Petr 3,13). Alle Vorstellungen des Weltendes aus der Sicht der begrenzten Rohstoffvorräte, Überbevölkerung der Erde (vgl. *Club of Rome)* oder physikalische Betrachtungen über das Ende (z.B. Wärmetod des Weltalls) mögen zwar plausible Modellrechnungen sein, aber ohne die Wiederkunft JESU zu berücksichtigen, bleiben sie eine futuristische Fehlkalkulation.

Nach *Bild 2* können wir vier Zeitbereiche besonders unterscheiden, die durch die o.g. großen Ereignisse voneinander getrennt sind und sich darum deutlich voneinander abheben. Insbesondere wollen wir jetzt darauf eingehen, wie wir Informationen aus den einzelnen Bereichen gewinnen können.

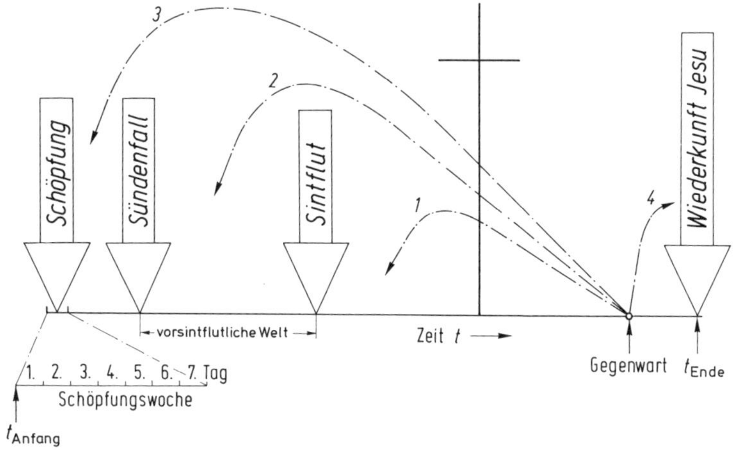

Bild 2: Die Zeitachse der Welt.
Die (chronologische!) Zeitachse erfaßt die gesamte Weltgeschichte vom Anfang bis zum Ende. Die vier globalen Weltereignisse Schöpfung (Dauer 7 Tage), Sündenfall, Sintflut (Dauer 371 Tage) und Wiederkunft JESU teilen die Weltgeschichte bezüglich der Gegenwart in vier Abschnitte:

(1) Unsere derzeitige und nachsintflutliche Welt, die durch Naturwissenschaft und Geschichte beschreibbar ist. Die Sintflut ist bezüglich dieser Wissenschaften eine Informationsscheide.
(2) Die vorsintflutliche Welt umfaßt den Bereich zwischen Sündenfall und Sintflut.
(3) Die Zeit in Eden reicht von der Schöpfung bis zum Sündenfall.
(4) Die vor uns liegende Zukunft bis zur Wiederkunft JESU.

a) Forschung: Zwei Informationsquellen stehen uns grundsätzlich zur Verfügung: Es ist die Aufgabe der **Naturwissenschaften,** diese Welt zu beobachten, Daten zu sammeln, zu ordnen und zu verknüpfen, Zusammenhänge zu erforschen und Gesetzmäßigkeiten zu beschreiben. Jede Naturwissenschaft muß sich Rechenschaft geben über die Grenze ihrer Aussagefähigkeit und über ihren zeitlich relevanten Gültigkeitsbereich. Die **Geschichte** (ebenso Archäologie) sammelt Dokumente aus verschiedenen Zeiten und hält damit Informationen über die Vergangenheit bereit. Geschichte reicht nur soweit zurück wie schriftliche Aufzeichnungen vorliegen bzw. archäologische Funde ein Zeugnis geben.

b) Offenbarung Gottes: Diese ist von völlig anderer Art. Sie teilt dem Menschen sowohl geistliche Zusammenhänge als auch Wirklichkeitsdeutungen dieser Welt mit, die der Mensch durch Forschung i. a. nicht finden kann. Die Annahme dieser Information beruht im Vertrauen zu Gott.

Die einzelnen Zeitbereiche sind:

1. Jetzige Welt: Es gibt eine Reihe von Wissenschaften, die prinzipiell nur die nachsintflutliche Welt erforschen können, z. B. Geologie, Petrographie, Paläontologie, Ozeanographie, Geographie, Klimatologie. Da die Gegebenheiten in Atmosphäre, Erdoberfläche und Lithosphäre vor der Sintflut (vgl. Kapitel 6) völlig andere waren, können diese empirischen Wissenschaften nichts über den Zustand **vor** der Sintflut aussagen. Ebenso sind unsere Geschichtsschreibung sowie die Archäologie nur in der Lage, die nachsintflutliche Welt zu beschreiben.

2. Vorsintflutliche Welt: Hierunter verstehen wir den Zeitabschnitt zwischen Sündenfall und Sintflut. Er ist uns naturwissenschaftlich kaum zugänglich. Die auch dort gültigen Gesetzmäßigkeiten von Physik, Chemie und Biologie lassen kaum Schlußfolgerungen über die damalige Situation zu. Da auch historische Zeugnisse fehlen, bleibt als einzige wesentliche Informationsquelle die biblische Offenbarung übrig.

3. Zeit in Eden: Über die Welt unmittelbar nach der Schöpfung, die nach dem Urteil Gottes »sehr gut« war, haben wir als Informationsquelle nur das biblische Zeugnis. Wollen wir Näheres darüber erfahren, so müssen wir auf die vielen Details achten, die die Bibel hier nennt. Durch Schlußfolgerung kann das Bild ergänzt werden. In jener Welt gab es weder Tod noch Schmerz, noch Krankheit, noch Leid. Auch die Tierwelt kannte damals nicht das Prinzip »Fressen und Gefressenwerden«, wie es durch den Sündenfall in die Welt einbrach. Gemäß 1. Mose 1,29–30 haben sich die ersten Menschen wie auch die Tiere ausschließlich von pflanzlicher Kost ernährt. Auch hatten jene Bakterienarten, die wir heute als Krankheitserreger kennen, vor dem Sündenfall noch nicht die Funktion des Bösartigen. Ein Bild von dieser heilen Welt können wir nur bruchstückhaft und mosaikartig entwerfen.

Daß sich die einzelnen Zeitbereiche nicht nur graduell voneinander abheben, sondern grundsätzlich und einschneidend, ist auch durch die Kosmologie des 2. Petrusbriefes angezeigt, der drei Welten unterscheidet:
- Himmel und Erde, die vorzeiten waren (3,5)
- Himmel und Erde, die jetzt sind (3,7) und
- Himmel und Erde, auf die wir warten (3,13).

3.2 Die Länge der Schöpfungstage

Nach den grundsätzlichen Erwägungen über die verschiedenen Zeitbegriffe in der Bibel ist bereits deutlich geworden, daß im Schöpfungsbericht die definitiven Zeitangaben eindeutig dem **Chronos** zugeordnet sind. Der weitverbreiteten Auffassung, daß der Schöpfungsbericht **nur** mitteilen will, daß »Gott überhaupt geschaffen hat«, können wir angesichts der Fülle der präzisen Aussagen nicht folgen. Der erste Vers der Genesis hätte genügt, wollte Gott uns nur mitteilen, daß er hinter allem steht. Der Reichtum an Einzelheiten macht uns aber deutlich, daß Gott uns erheblich mehr Informationen geben will. Im Schöpfungsbericht werden uns sowohl *Glaubensaussagen* als auch ein Spektrum *naturwissenschaftlich bedeutsamer Fakten* [29, S. 154–159] übermittelt. Diese sind so grundlegend für das Verständins dieser Welt, daß sie sich deutlich von allen heidnischen Glaubensvorstellungen, von den

*Kosmologien** und *Kosmogonien*** alter Völker und den heutigen naturphilosophischen Vorstellungen absetzen.

C. Blacker gibt in der Einleitung des Buches »*Weltformeln der Frühzeit*« einen Eindruck früherer Denkweisen [10]:

> »... *Ägypter* lebten auf einer flachen, in der Mitte durch einen Fluß geteilten Insel, und über dem Ganzen hing, von vier Pfosten getragen, der Himmelsbaldachin ... *Babylonier* sahen sich selbst in einem Universum aus zwei übereinanderliegenden Etagen, die durch ein kosmisches Seil oder Treppenhaus zusammengehalten wurden ... Für *Indien* führt uns Dr. *Gombrich* mehrere Kosmologien vor, die *vedische*, die *hinduistische*, die *jainistische* und die *buddhistische*. In allen vieren nimmt ein riesiger axialer Berg die Mitte des Universums ein, um den herum auf verschiedenen Ebenen die vier Kontinente unserer eigenen Welt und, gemäß der indischen Reinkarnationslehre, die Himmel und Höllen liegen ... Das zeitliche Denken der *Inder* bewegte sich in ebenso ungeheuren Dimensionen wie das räumliche, und Dr. *Gombrich* berichtet von dem in *puranischen* und *buddhistischen* Texten zu findendem System unvorstellbar langer zeitlicher Zyklen, die das Universum bis in alle Ewigkeit durchläuft. Auch im Kosmos der *Griechen, Skandinavier* und *Chinesen* verlief die Zeit in Zyklen. Die Vorstellung einer linearen Zeit ist deutlich nur im *Weltbild des Alten Testaments* ausgedrückt.«

Der Astronom Prof. *O. Heckmann* (1941–1962 Direktor der *Hamburger Sternwarte*, anschließend Generaldirektor der *Euro-*

* **Kosmologie** (griech. *kosmos* = Ordnung, Schönheit, Weltall als Ganzes) ist die Lehre über die räumliche und zeitliche Struktur des Weltalls. Als Zweig der Astronomie erforscht sie die Verteilung der Materie im Raum und ihre Bewegungsverhältnisse.

** **Kosmogonie** (= Weltentstehung; griech. *gone* = Geburt, Entstehung) ist die Lehre von der Entstehung der Welt (des Weltalls). Obwohl die Kosmogonie heute der Astronomie zugeordnet ist, kann sie ebenso wie die Philosophie oder die Mythologie die anstehende Frage nach der Herkunft nicht beantworten.

päischen Südsternwarte auf dem La Silla in Chile) äußert sich zu der Fülle heutiger Weltmodelle und Kosmologien wie folgt [33]:

> »Die Erfindungskraft menschlichen Geistes ist nicht gering, die Produktion an Weltbildern also ziemlich groß, so groß, daß ein Kritiker kürzlich glaubte feststellen zu dürfen, daß die Zahl kosmologischer Theorien umgekehrt proportional sei zur Zahl bekannter Fakten.«

Nachdem er in seinem Buch *»Sterne, Kosmos, Weltmodelle«* verschiedene Kosmologien bespricht, kommt er zu folgenden bemerkenswerten Schlußfolgerungen:

> »Ein dicker Nebel bedeckt die kosmischen Anfangs- oder Grenzbedingungen. In der Kosmologie werden die Grenzbedingungen beobachtet auf dem rückwärtigen Lichtkegel, der in die Vergangenheit weist; aber nur über einen endlichen Bereich hin. Die Beobachtungsdaten werden immer weniger genau und, wegen der begrenzten Leistung unserer Instrumente, schließlich bedeutungslos... Jede der Kosmologien hat zum tieferen Verständnis sekundärer Probleme beigetragen, auch wenn es ihr nicht gelang, ihrem eigenen Hauptanspruch zu genügen, nämlich das Universum verständlich zu machen.«

Der Schöpfungsbericht der Bibel steht einzig in seiner Aussage. Hier sind nicht die alten mythischen Vorstellungen über die Welt und ihre Entstehung eingeflossen, sondern der lebendige Gott teilt die Wirklichkeit mit. Ebenso ist der Schöpfungsbericht eine Absage an alle heutigen Kosmologien und Evolutionstheorien, wie dies schon anhand einiger Widersprüche erkennbar ist:

- Zuerst wurden das Universum und die Erde geschaffen und erst danach Sonne, Mond und die Gestirne. In allen modernen Kosmologien wird hingegen die Erde als ein aus der Sonne herausgelöster Materieteil gedeutet.
- Die ersten geschaffenen Lebensformen waren die Pflanzen auf dem Land (Evolution: Erste Lebensformen kamen aus dem Meer).

– Die Vögel wurden *vor* den Reptilien geschaffen (Evolution: Die Vögel haben sich aus den Reptilien entwickelt).

Die Weichen richtiger oder falscher Bibelauslegung werden nach der Überzeugung des Verfassers an der ersten Seite der Bibel gestellt. Die in der westlichen Welt weithin praktizierte Trennung zwischen Glauben und Wissenschaft trieb die Christen häufig in das Ghetto einer beschaulichen inneren Frömmigkeit ohne durchdringende Wirkung auf die Umgebung, und die Wissenschaft in die Wüste der gottverlorenen Ideologien und Philosophiesysteme. Nur vor solchem Hintergrund kann man zu dem folgenschweren Vorurteil gelangen, die Bibel sei in ihren Aussagen über die Entstehungsweise des Universums, die Herkunft des Lebens und insbesondere des Menschen, die Entstehung der Völker und Sprachen wissenschaftlich nicht zuständig. *Alexander Evertz* hat diese grassierende Weltverfallenheit so beklagt [21]:

> »Es gehört zu den Fehleinstellungen in der heutigen evangelischen Kirche, daß der erste Glaubensartikel nicht mehr ernst genommen wird. Der Glaube an den Schöpfer ist weithin nur noch ein Ausstellungsstück im Glaskasten der Dogmatik. Er gleicht den ausgestopften Vögeln, die in einem Naturkundemuseum auf der Stange sitzen.«

Wir wollen das Wort Gottes als anvertrautes Pfund nehmen und möchten uns im Umgang damit als seine treuen Haushalter erweisen. So kann es nicht unsere Aufgabe sein, die Aussagen der Schrift zu manipulieren und dem gegenwärtigen Meinungstrend anzupassen. Vielmehr wollen wir dafür dankbar sein, was Gott für geeignet hält, uns an Einzelheiten im Blick auf die Entstehung dieser Welt und des Lebens zu offenbaren. Wenn so unsere Haltung ist, werden wir am Ende weder als Naturwissenschaftler noch als Theologen enttäuscht sein.

So nehmen wir zur Kenntnis, daß Gott in sechs Tagen alles geschaffen hat. Daß es sich wirklich um 24-Stunden-Tage, d. h. Sonnentage oder Kalendertage, gehandelt hat, soll im einzelnen belegt werden:

3.2.1 Der Tag als Zeiteinheit

Zur genauen Beschreibung physikalischer Gegebenheiten benötigt man eine Meßmethode und eine entsprechende Einheit für quantitative Angaben. Auch die Bibel nennt immer wieder meßtechnische Zusammenhänge, um eine Sache ihrer Größe nach zu beschreiben. So gibt es zahlreiche Angaben über Längen-, Flächen und Raummaße, um Entfernungen (Apg 1,12: 1 Sabbatweg = 2000 Ellen ≈ 1 km), Flächeninhalte (Hes 40,7), Rauminhalte (Arche: 1 Mo 6,15; himmlische Stadt: Offb 21,16) oder Gewichte (1 Chr 29,4) anzugeben. Die Einheiten werden in der Regel der Natur oder dem täglichen Leben entnommen (z. B. Elle, Spanne, Acker = die Fläche, die man mit einem Joch Ochsen an einem Tag pflügen konnte). Eine der wichtigsten Einheiten ist die Zeiteinheit. Es ist die **erste** Einheit, die in der Bibel definiert ist. In 1. Mose 1,14 geschieht dies unter Angabe auch der anderen Aufgaben der Gestirne. Sie dienen:

- als Lichtträger,
- zur Trennung von Tag und Nacht,
- zur Zeitdefinition der Einheiten »Tag« und »Jahr« und »Jahreszeiten«,
- als Zeichen, um auf besondere Geschehnisse hinzuweisen (z. B. Mt 24,29 Endzeit).

Mit den Zeitdefinitionen von **Tag** und **Jahr** sind dem Menschen reproduzierbare Einheiten gegeben, um Altersangaben, zeitliche Abstände von Ereignissen oder die Dauer eines Vorgangs zu quantifizieren. So wird die Dauer der Schöpfungswerke in der Einheit »Tag« angegeben: »Denn in **sechs Tagen** hat der Herr Himmel und Erde gemacht« (2 Mo 20,11).

So wollen wir auch hier dem Wort Vertrauen schenken, denn »Gott ist nicht ein Mensch, daß er lüge« (4 Mo 23,19). Wenn Gott tatsächlich Milliarden von Jahren brauchte, um alles zu erschaffen, warum sagt er uns dann, es seien nur Tage gewesen? Der Rektor der *»Freien Evangelisch-Theologischen Akademie Basel«*, Professor *S. Külling,* kommentiert zu 1. Mose 1,14 [50]: »Von diesem Vers an sollte eigentlich die Bedeutung der Tage in

Genesis 1 schon klar sein. Wenn in der Aufzählung ›Tage‹ Millionen Jahre bezeichnen, was ist dann mit ›Jahren‹ gemeint?«

3.2.2 Bedeutung des Wortes »Tag« in der Bibel

Das Wort »Tag« kommt in der Bibel 2182 mal vor [17] und wird in buchstäblichem Sinne verwendet. Wie im Deutschen und vielen anderen Sprachen bedeutet das Wort »Tag« (hebr. *jom*)

- einen Zeitabschnitt von 24 Stunden, der auch die Nacht mit enthält. Es handelt sich also um den rechnerischen Kalendertag

oder

- jenen Zeitabschnitt, der vom Tageslicht beherrscht wird (z. B. 1 Mo 1,5; 1 Mo 8,22; Jos 1,8).

Im Schöpfungsbericht treten die Wörter »Tag« und »Nacht« (Vers 5, Verse 14–18) neunmal in dem Sinne auf, daß sie nur die helle oder dunkle Periode des normalen 24-Stunden-Tages kennzeichnen. In Ausnahmefällen, die jedoch aus dem Kontext (Textzusammenhang) immer eindeutig erkennbar sind, bedeutet »Tag« nicht ein physikalisch oder astronomisch definierbares Zeitmaß, sondern speziell bezeichnete Ereignisse wie »Tag des Herrn«, »Tag des Gerichts«, »Tag des Heils«. Auch das Wort **Tag** in Johannes 9,4 »Ich muß wirken die Werke des, der mich gesandt hat, solange es **Tag** ist; es kommt die Nacht, da niemand wirken kann«, ist aus dem Kontext sofort erkennbar als eine (nicht physikalische) Zeit des möglichen Wirkens. Die o. g. 24-Stunden-Bedeutung für Tag ist mit über 95 Prozent der Normalfall.

3.2.3 »Tag« mit Zahlwort

Das Wort »Tag« kommt im Alten Testament über 200mal in Verbindung mit einem Zahlwort vor. In *jedem* dieser Fälle ist stets ein 24-Stunden-Tag angezeigt. Am Ende des Berichts über jeden der sechs Schöpfungstage heißt es (Verse 5, 8, 13, 19, 23, 31): »Da ward aus Abend und Morgen der erste (. . . bis sechste) Tag.« Hier haben wir es also immer mit der grammatischen Konstruktion ›Zahlwort in Verbindung mit Tag‹ zu tun.

3.2.4 Begrenzung mit »Abend und Morgen«

Die Begrenzung der Schöpfungsintervalle mit »Abend und Morgen« ist ein weiterer Beleg für die 24-Stunden-Dauer der Schöpfungstage. Das Wort »Abend« kommt 49mal und das Wort »Morgen« 187mal vor und wird immer im buchstäblichen Sinne gebraucht. Sollte Tag eine lange Zeitepoche darstellen, so würde diese nicht mit so genau benannten Tageszeitangaben begrenzt werden. Die konsequente Einhaltung der Reihenfolge der Tageszeiten Abend und Morgen ist im Alten Testament (z. B. Ps 55,18; Dan 8,14) durchgängig festzustellen. Sie ist heute noch jüdische Zählweise. Danach beginnt der neue Tag mit dem Abend (Sonnenuntergang) und endet mit dem Beginn des Abends am folgenden Tag. Bei dieser Tagesdefinition werden die Tageszeiten in der Reihenfolge ›Abend – Morgen‹ durchlaufen. Wörtlich heißt es darum (*Elberf. Übersetzung*): »Und es ward Abend, und es ward Morgen: erster Tag.«

3.2.5 Schöpfungstag und Allmacht Gottes

Die Schöpfungswerke demonstrieren die Allmacht Gottes und seine große Kraft (Röm 1,20), deren Auswirkung nicht an lange Zeiträume gebunden ist. Durchgängig wird bei allen Schöpfungszeugnissen, deren es zahlreiche in der Bibel gibt, ein Akt des Geschehens vermittelt, der ohne Zeitaufwand abläuft. Das Schöpfungswirken JESU zu neutestamentlicher Zeit (Wein auf der Hochzeit zu Kana, Fische und Brote bei der Speisung der 5000) hatte augenblickliche Auswirkung. Auch Psalm 33,9 bezeugt das rasche zeitliche Geschehen des schöpferischen Handelns: »Denn so er spricht, so geschieht's; so er gebeut, so steht es da.« Genau diesen Eindruck vermittelt auch der Schöpfungsbericht selbst durch die Formulierungen:

»Und Gott sprach ... und es geschah also.«
»Und Gott sprach ... und Gott sah« (das soeben Erschaffene).

Würden wir hier willkürlich Millionen- oder Milliardenzeitalter einführen, so nähmen wir Gott die Ehre. Im Gesamtzeugnis der Bibel wird in immer neuen Formulierungen das augenblickliche Geschehen aufgrund der Befehle Gottes herausgestellt. Auch bei allen anderen Gelegenheiten gilt der Grundsatz: Ein Befehl des Herrn genügt, und spontan erfüllt sich das schöpferische Wort: Blinde werden sofort sehend, Stumme reden augenblicklich, Kranke nehmen ihr Bett und gehen, Aussätzige werden alsbald rein und Tote auferstehen unverzüglich.

3.2.6 Der Mensch: Geschaffen an einem bestimmten Tag

Das biblische Zeugnis hebt hervor, daß der Mensch nicht während eines langen Zeitraumes, sondern an einem ganz **bestimmten** Tag geschaffen wurde: »An **dem** Tage, da Gott *Adam* schuf, machte er ihn im Gleichnis Gottes, Mann und Weib schuf er sie, und er segnete sie und gab ihnen den Namen Mensch, an **dem** Tage, da sie geschaffen wurden« (1 Mo 5,1–2; *Elberf. Übers.*).

3.2.7 »Tag« und Gebote vom Sinai

In den Zehn Geboten Gottes vom Sinai werden die sechs Arbeitstage und der Ruhetag des Menschen mit dem Hinweis auf die Schöpfungswoche begründet: **»Sechs Tage** sollst du arbeiten ..., aber am siebenten Tage ist der Sabbat des Herrn, deines Gottes, da sollst du kein Werk tun ... Denn in **sechs Tagen** hat der Herr Himmel und Erde gemacht und das Meer und alles, was darinnen ist, und ruhte am siebenten Tage« (2 Mo 20,9–11). Die parallele Gegenüberstellung, dieselbe Wortwahl und der klare Kontext lassen keinen Zweifel mehr an der Tageslänge zu. Dieses Argument ist so stark, daß sich spätestens hier jeder vor dem Wort des Herrn beugen sollte und seine evolutiven Voreinstellungen fallen lassen müßte. Die Zehn Gebote sind die einzige schriftliche Urkunde des lebendigen Gottes. Sie sind von ihm selbst auf steinerne Tafeln geschrieben worden:

> »Und da der Herr ausgeredet hatte mit Mose auf dem Berge Sinai, gab er ihm zwei Tafeln des Zeugnisses; die waren steinern und beschrieben mit dem Finger Gottes« (2 Mo 31,18).

> »Mose wandte sich und stieg vom Berge und hatte zwei Tafeln des Zeugnisses in seiner Hand... Und Gott hatte sie selbst gemacht und selber die Schrift eingegraben« (2 Mo 32, 15–16).

Der Gedanke eines sachlichen oder wie auch immer gearteten Fehlers in den Geboten Gottes ist völlig unvorstellbar.

Halten wir fest: *Wenn das Wort »Tag« im Schöpfungsbericht nicht mehr Tag bedeutet, sondern irgendeinen völlig anders gearteten Zeitraum, dann ist die Auslegung der Heiligen Schrift ein hoffnungsloses Unterfangen.*

Der Leserbriefaussage in *»factum«* von *G. Herter* [35] kann man darum nur zustimmen: »Ich denke, daß der Herr doch weiß, wie lange er brauchte, um die Erde zu schaffen. Hier spricht er deutlich von sechs Tagen, nicht von sechs Jahrtausenden.«

3.3 Gelegentliche Einwände gegen die Deutung der Schöpfungstage als 24-Stunden-Einheiten

Gegen die im vorigen Abschnitt vorgetragenen Argumente für eine wörtliche Auffassung der Tage sowie sonstiger Aussagen des Schöpfungsberichtes sind mancherlei Einwände im Umlauf, auf die wir im folgenden eingehen wollen.

Einwand 1: Der Schöpfungsbericht will gar nicht als historisch stattgefundenes Ereignis mit chronologischer Abfolge verstanden werden. Er ist nur im übertragenen Sinne, d.h. als bildliche

Darstellung zu deuten. Im übrigen war das Anliegen der Schreiber, nur Glauben zu vermitteln, nicht aber naturwissenschaftliche Einzelheiten mitzuteilen.

Antwort: Eine solche Auffassung liest sich bei *D. Bonhoeffer* z.B. so [11]:

> »Wie sollte man von der ersten, der jungen Erde anders reden als in der Sprache der Märchen? Gott bereitet dem Menschen, den er mit eigener Hand geschaffen hat, einen überaus herrlichen Garten. Und woran denkt der Mensch der Wüstenlandschaft hier eher als an ein Land mit herrlichen Strömen und Bäumen voller Früchte ... Wer kann von diesen Dingen anders reden als in Bildern. Bilder sind ja nicht Lüge, sondern sie bezeichnen Dinge, lassen Dinge durchscheinen, die gemeint sind.«

Der Zweifel beginnt immer mit dem Infragestellen. Es muß gleich richtiggestellt werden: Der Schreiber der Genesis schrieb hier weder eigene Wunschvorstellungen nieder, noch ist er ausgedachten Märchen und Legenden oder klugersonnenen Fabeln (2 Petr 1,16) gefolgt, sondern Gott gab ihm in rückwärtsgerichteter Prophetie den wahren Sachverhalt an. Der Garten Eden war also nicht die Traumvorstellung eines Wüstenbewohners, sondern ein realer Platz in Raum und Zeit, den Gott für die ersten (historischen!) Menschen *Adam* und *Eva* zubereitet hatte.

Die immer wieder angefochtenen ersten elf Kapitel der Bibel erweisen sich bei näherer Betrachtung als exakter historischer Bericht. *Francis A. Schaeffer* schreibt dazu [72]:

> »An allen Stellen, wo sich das Neue Testament auf die erste Hälfte der Genesis bezieht, setzt es ausnahmslos voraus oder behauptet es ausdrücklich, daß die Genesis geschichtliche Aussagen macht und daß sie in normaler Weise gelesen sein will und Worte und Syntax so benutzt wie jedes andere geschichtliche Buch.«

Wichtige biblische Lehren finden ihre Begründung in der Urgeschichte, die auf den ersten Seiten der Bibel aufgezeichnet ist. JESUS CHRISTUS, unser Lehrmeister der Schriftauslegung, bezog sich auf jedes einzelne der ersten elf Kapitel der Genesis. Mahnend, lehrend und begründend geht er vom Schöpfungsbericht aus, wenn er sagt: »Habt ihr nicht gelesen?« (Mt 19,4). Ebenso bezieht sich **jeder** Schreiber eines neutestamentlichen Buches auf 1. Mose 1–11. So werden z. B. in 1. Timotheus 2,13–14 einzelne historische Details der Urgeschichte herausgezogen: »Denn *Adam* ist am ersten gemacht, danach *Eva*. Und *Adam* ward nicht verführt; das Weib aber ward verführt und ist der Übertretung verfallen.« **Wir sehen:** *Nirgendwo in der Schrift finden wir Anhaltspunkte zur symbolischen Deutung der Urgeschichte.* JESUS und die Apostel sind uns Vorbild darin, daß wir alle Einzelheiten der Schöpfungsgeschichte genau so zu nehmen haben, wie sie uns mitgeteilt sind. Sie lehren uns, daß wir es hier mit autoritativen und historischen Dokumenten zu tun haben.

Einwand 2: Die biblischen Verfasser schrieben in der Befangenheit ihres Weltbildes und ihres damaligen Wissensstandes. Da sie als Kinder ihrer Zeit keine Ahnung von heutigen modernen Erkenntnissen hatten, konnten sie auch bezüglich der Wissenschaft keine endgültigen Aussagen treffen.

Antwort: Dieser Hypothese liegt die falsche Annahme zugrunde, als seien biblische Aussagen das Produkt menschlicher Vorstellungen, Kenntnisgrade oder Ideen. An zahlreichen Stellen der Bibel wird uns bezeugt, daß die Schrift nicht durch den Willensakt von Menschen hervorgebracht wurde, sondern von Gott berufene Leute redeten, getrieben vom Heiligen Geist (2 Petr 1,21; 2 Tim 3,16). Nur so ist es erklärlich, daß die biblischen Verfasser unabhängig von momentanen Weltbildern, heidnischen Vorstellungen oder dem jeweiligen Zeitgeist das Wort der Wahrheit im Namen Gottes sprachen. Dabei ist es unerheblich, ob sie selbst alles verstanden, was sie schrieben. Mit Sicherheit hatte der Fischer *Petrus* keine Kenntnis über Hochtemperaturphysik oder Kernprozesse, und doch konnte er schreiben: » . . .die Elemente aber werden vor Hitze schmelzen, und die Erde und die Werke, die darauf sind, werden verbrennen« (2 Petr 3,10). Als zur Zeit des Altertums die gängige Vorstellung herrschte, daß die Erde eine platte Scheibe sei, die auf dem Wasser schwimme, gab *Hiob* im Auftrag Gottes die wirkliche Deutung: »Er breitet aus die Mitternacht über das Leere und hängt die Erde über nichts« (Hi 26,7). Auch wenn wir diese Aussage heute anders formulieren, bleibt die Bedeutung unberührt: »Der leere Weltenraum ist dunkel, und die Erde schwebt ohne Aufhängung frei darin.«

Der Prophet *Daniel* bekennt von den eigens im Namen Gottes niedergeschriebenen Prophetien: »Aber ich verstand's nicht« (Dan 12,8). Der Herr gibt ihm sogar die Antwort, daß diese erst am Ende der Zeit überhaupt verstanden werden können (Dan 12,9). **Halten wir fest:** *Die zukünftigen prophetisch angekündigten Ereignisse, geistlichen Zusammenhänge oder naturwissenschaftlichen Tatbestände wurden von den jeweiligen biblischen Schreibern nicht immer verstanden, dennoch bleibt die Wahrheit der Aussage davon völlig unberührt.*

Einwand 3: Es ist bereits von Tagen die Rede, bevor es die Sonne gab. Erst am vierten Tag wurden die Sonne, der Mond und die Sterne erschaffen. Hier wird der Sonne die Aufgabe der Tageinteilung gegeben. So kann nicht schon zuvor von Tagen gesprochen werden.

Antwort: Die Wirkung von Tag und Nacht und die definierte Länge eines Tages hängen nicht unbedingt von der Sonne ab, sondern von zwei Gegebenheiten, die es vom ersten Schöpfungstag an bereits gab:

(1) dem Vorhandensein irgendeiner Lichtquelle, und diese existierte seit dem ersten Schöpfungstag,
(2) der Drehbewegung der Erde.

Die gleichbleibende Tageslänge wird durch eine konstante Drehbewegung der Erde garantiert. Hiervon wollen wir uns nun einen quantitativen Eindruck verschaffen. Physikalisch wird die Erdrotation durch die Winkelgeschwindigkeit ω beschrieben. Der Wert für ω ist die auf einen Kreis mit dem Radius $r = 1$

(Einheitskreis) und dem Umfang 2π (Bogenmaß) bezogene Geschwindigkeit. Rechnerisch ergibt sich ω dadurch, daß man den Umfang des Einheitskreises durch die Zeit für eine Umdrehung dividiert. Für die Erde erhält man folgenden Wert:

$$\omega = \frac{2\,\pi}{1\ \text{Sterntag}} = \frac{2\,\pi}{(23\ \text{h},\ 56\ \text{min},\ 4\ \text{s})} = 7{,}292 \cdot 10^{-5}\ \text{s}^{-1}$$

Multipliziert man das *Massenträgheitsmoment** $\Theta = 8{,}118 \cdot 10^{37}$ kgm^2 der Erde mit ihrer Winkelgeschwindigkeit ω, so erhält man den für unsere Betrachtungen sehr wichtigen Drall oder Drehimpuls I

$$I = \Theta \cdot \omega = 5{,}9 \cdot 10^{33}\ \text{kgm}^2/\text{s}.$$

Der Drehimpuls I ist eine vektorielle Größe (Kennzeichen: Betrag und Richtung), für die ein bedeutsamer Erhaltungssatz – der *Drallsatz*** oder *Impulserhaltungssatz* – gilt. Die zahlenmäßige »Drehgröße« ist ein Maß für die Stabilität und Konstanz der Tageslänge und für die unveränderliche Lage der Drehachse im Raum. Die gedachte Linie von Pol zu Pol ist die Drehachse der Erde. Durch ein Abbremsen der Erdrotation (= Verringerung des Drehimpulses der Erde) würden die Tage länger. Der Drehimpuls der Erde ist aber so ungeheuer groß, daß denkbare Einflüsse ihn nur unmerklich verändern, so daß über Jahrtausende hinweg eine nahezu gleichbleibende Tageslänge sichergestellt ist. Selbst ein Meteorit von 1 km Durchmesser und einer Masse von 2 Millionen Tonnen, der mit einer Geschwindigkeit von 25 km/s unter einem Winkel von 60° am Äquator einschlagen würde, brächte nur die unmerkliche relative Impulsänderung von 0,000000000017 mit sich.

* Das **Massenträgheitsmoment** ist eine physikalisch unanschauliche Rechengröße, die aus der geometrischen Massenverteilung bezüglich einer Drehachse ermittelt wird. Für eine exakte Kugel mit dem Radius R bei gleichmäßiger Verteilung der Masse M wird Θ nach der Formel $0{,}4 \cdot M \cdot R^2$ berechnet. Die Gesamtmasse der Erde beträgt $M = 5{,}98 \cdot 10^{24}$ kg.

** **Drallsatz:** Wenn keine äußeren Drehmomente eingreifen, bleibt der gesamte Drehimpuls zeitlich konstant, und zwar nach Betrag und Richtung.

Eine natürliche Einflußgröße, die die Erddrehung »ständig« verlangsamt, ist die Gezeitenreibung. Die *Energie der Erdrotation** beträgt etwa $6 \cdot 10^{19}$ MWh. Davon werden durch die Gezeitenreibung höchstens einige 10^9 MW** aufgezehrt [13]. Die Abbremsung der Erde ist jedoch nur so gering, daß in einem Jahrhundert der Tag um 0,002 Sekunden länger wird. Geht man von einem Erdalter von etwa 10000 Jahren aus, so war der Tag ursprünglich um 0,2 Sekunden kürzer. Neben der Gezeitenreibung gibt es noch periodische Schwankungen – verursacht durch Meeresströmungen, Grundwasserverschiebungen u. a. –, die etwa $\pm 0{,}03$ s/Jahreszeit ausmachen.

Alles in allem können wir davon ausgehen, daß die Tageslänge in den bestehenden Jahrtausenden sich also nur unerheblich geändert hat. Somit sei nochmals festgestellt, daß die oft zitierten »Tausend-Jahre-wie-ein-Tag« hier keine Anwendung finden können.

Einwand 4: Das Licht hat mit seinen 300000 km/s zwar eine sehr hohe, aber doch begrenzte Ausbreitungsgeschwindigkeit. Jeder Stern, den wir sehen, informiert uns daher nicht über seine gegenwärtige Existenz, sondern über eine Vergangenheit, als deren Zeuge seine Lichtstrahlen jetzt bei uns eintreffen. Da es

* Die **Rotationsenergie eines Drehkörpers** errechnet sich gemäß der Formel $E = \Theta \cdot \omega^2/2$. (Diese Formel erinnert an die Gleichung zur Berechnung der Energie eines Körpers mit fortschreitender Bewegung $E = m \cdot v^2/2$). Für die rotierende Erde ergibt sich $E = 8{,}118 \cdot 10^{37}\ \text{kgm}^2 \cdot (7{,}292 \cdot 10^{-5}\ \text{s}^{-1})^2/2 = 2{,}158 \cdot 10^{29}\ \text{kgm}^2/\text{s}^2$. Wegen $1\ \text{kgm}^2/\text{s}^2 = 1$ Ws und 1 MWh $= 3{,}6 \cdot 10^9$ Ws ergibt sich in elektrischen Einheiten ausgedrückt für die Rotationsenergie der Erde $E = 6 \cdot 10^{19}$ MWh.

** 1 **MW** (Megawatt) $= 10^3$ kW (Kilowatt) $= 10^6$ W (Watt) sind Leistungseinheiten. Die Leistung ist das Verhältnis von Arbeit je Zeiteinheit, sie stellt damit eine physikalische Größe dar, die für jeden Moment angebbar ist. Im Gegensatz dazu stellt die Arbeit ein Mengenmaß dar. Je länger eine bestimmte Leistung wirkt, um so größer ist die verrichtete Arbeit. Die Einheit der Leistung ist daher noch mit der Zeiteinheit zu multiplizieren, um zur Arbeitseinheit zu gelangen: $1\ \text{MW} \cdot 1\ \text{h} = 1\ \text{MWh} = 10^6\ \text{W} \cdot 3600\ \text{s} = 3{,}6 \cdot 10^9$ Ws. Eine Arbeit, die einem System zugeführt wird und die ihm erhalten bleibt oder die wir ihm entziehen können, nennt man Energie. Arbeit ist auch das Produkt aus Kraft und ihrem Verschiebungsweg (z. B. Heben eines Gewichtes).

Sterne gibt, die mehrere Milliarden Lichtjahre entfernt sind, müßten diese doch mindestens ebenso viele Milliarden Jahre alt sein.

Antwort: Die obigen Aussagen sind Folgerungen, die wir aus der jetzigen Situation schließen. Dennoch enthält der letzte Satz des obigen Einwandes einen Trugschluß, denn das Lichtjahr ist *kein Zeitmaß,* sondern ein *Entfernungsmaß*. Um den Einwand zu prüfen, gehen wir mit dem obigen Denkansatz in die Schöpfungswoche hinein. Am vierten Schöpfungstag wurden die Sterne geschaffen. Aber nach Abschluß der Schöpfung wäre nach obigem Einwand am Himmel kein einziger Stern zu sehen gewesen. Der erdnächste Stern, der *α-Centauri*, ist 4,3 Lichtjahre von der Erde entfernt. Somit wäre er erst 4,3 Jahre nach der Schöpfung erstmals von der Erde aus sichtbar gewesen. Als nächster Stern (vgl. *Bild 3*) wäre dann 1,6 Jahre später *Barnards Pfeilstern* (Entfernung 5,9 Lichtjahre) sichtbar geworden usw. Dieser Vorgang wäre bis heute noch nicht abgeschlossen, denn von Jahr zu Jahr würde das Licht einer zunehmenden Anzahl von Sternen entsprechend ihrem größeren Abstand von der Erde bei uns eintreffen. Das widerspricht aber der astronomischen Beobachtung. *Abraham,* der wohl etwa 2000 Jahre nach der Schöpfung lebte, hätte nach dieser Theorie noch nicht einmal alle hellen Sterne unseres Milchstraßensystems sehen können, geschweige denn die Sterne anderer Galaxien, denn die Milchstraße hat einen Durchmesser von 130000 Lichtjahren. Gott aber zeigte dem *Abraham* die unermeßliche **sichtbare** Sternenzahl, um ihn zum Staunen zu bringen: »Siehe gen Himmel und zähle die Sterne; kannst du sie zählen?« (1 Mo 15,5).

Der obige Denkansatz »Anzahl der Lichtjahre = Mindestalter des Sterns« ist also offensichtlich falsch. Die richtige Lösung finden wir in 1. Mose 2,1–2: »Also ward vollendet Himmel und Erde mit ihrem ganzen Heer. Und also vollendete Gott am siebenten Tage seine Werke, die er machte.« Dies ist auch das Zeugnis des Neuen Testaments: »Nun waren ja die Werke **von Anbeginn** der Welt **fertig**« (Hebr 4,3). Nach Ablauf der Schöpfungswoche war **alles** fertig und vollendet. *Seit* der Schöpfung sind auch *alle Werke zu ersehen* (Röm 1,20). Es liegt im Wesen der

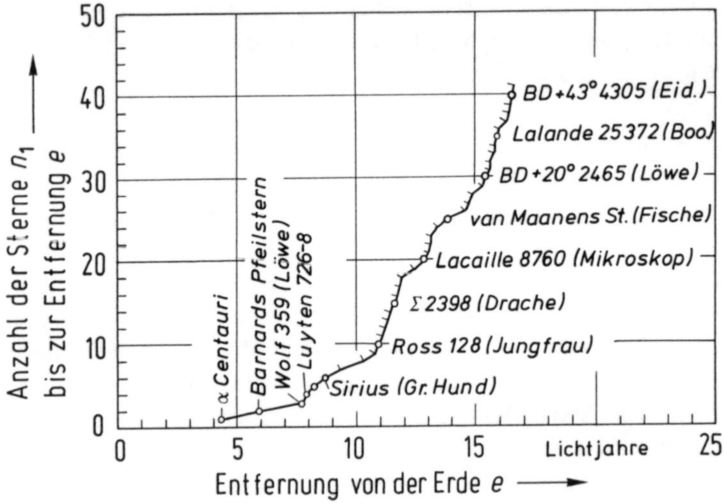

Anzahl der Sterne n_1 bis zur Entfernung e
Entfernung von der Erde e
Lichtjahre
α Centauri
Barnards Pfeilstern
Wolf 359 (Löwe)
Luyten 726-8
Sirius (Gr. Hund)
Ross 128 (Jungfrau)
Σ 2398 (Drache)
Lacaille 8760 (Mikroskop)
van Maanens St. (Fische)
BD+20° 2465 (Löwe)
Lalande 25372 (Boo)
BD+43° 4305 (Eid.)

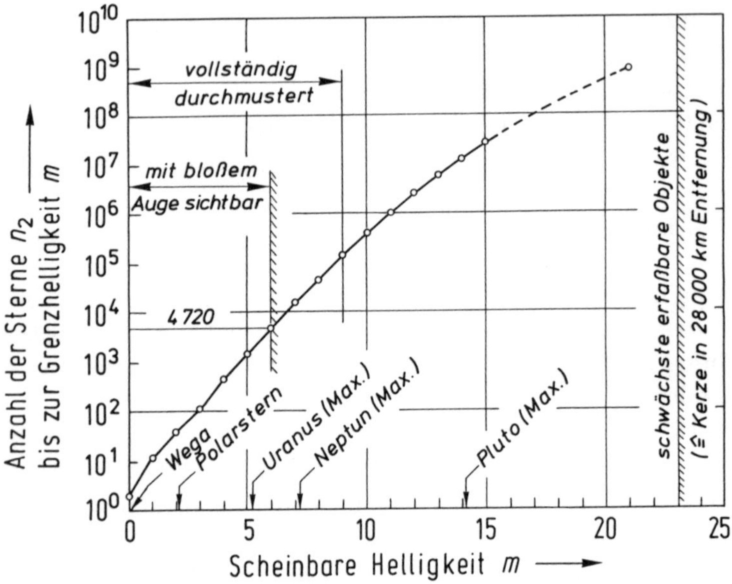

Anzahl der Sterne n_2 bis zur Grenzhelligkeit m
Scheinbare Helligkeit m
vollständig durchmustert
mit bloßem Auge sichtbar
4720
Wega
Polarstern
Uranus (Max.)
Neptun (Max.)
Pluto (Max.)
schwächste erfaßbare Objekte
(≙ Kerze in 28 000 km Entfernung)

Bild 3: Anzahl der Sterne.

Oberes Teilbild: Darstellung der 41 erdnächsten Sterne in Abhängigkeit von ihrer Entfernung e. Mit 4,3 Lichtjahren ist α-Centauri der erdnächste Stern. Der Sirius (-1^m,4) ist außer unserer Sonne (-26^m,7) der Stern mit der größten scheinbaren Helligkeit. Die Sonne ist dennoch 50 millionenmal heller.

Unteres Teilbild: Dieses Diagramm veranschaulicht die Anzahl der Sterne n_2 bis zu einer bestimmten Grenzhelligkeit m.
Die Gestirnshelligkeit wird nach Größenklassen m bezeichnet. Bezüglich der optischen Intensität (Helligkeit) handelt es sich um einen logarithmischen Zusammenhang: $\log I_1/I_2 = -0{,}4 \cdot (m_1 - m_2)$. Die Differenz zweier aufeinanderfolgender Größenklassen m_1 und m_2 entspricht somit einem Intensitätsverhältnis von $10^{0,4} = 2{,}512$. Ein Stern 1^m ist also 2,512 mal heller als ein Stern 2^m. Einer Differenz von 5^m entspricht gerade ein Intensitätsverhältnis von 1:100. Da zwischen der Sonne und den schwächsten Sternen ein Unterschied von rund 50^m vorliegt, beträgt das Intensitätsverhältnis $1:10^{20}$. Mit bloßem Auge sind Sterne bis zur 6. oder 7. Klasse sichtbar. Der Nullpunkt der Skala ist durch die Wega definiert. Die Leuchtkraft der schwächsten überhaupt erfaßbaren Objekte liegt einige Prozent über dem Himmelshintergrund einer dunklen Nacht. Diese optische Grenze liegt bei etwa 23^m und entspricht jener Helligkeit, die eine Kerze in 28000 km Abstand hat. Die Helligkeit, die wir einem von der Erde aus beobachteten Stern zumessen, ist von seiner Entfernung abhängig. Um die wirkliche Leuchtkraft verschiedener Sterne miteinander vergleichen zu können, hat man den Begriff der absoluten Helligkeit M eingeführt. Sie ist als diejenige scheinbare Helligkeit definiert, die ein Stern haben würde, wenn er 10 Parsec (= 32,6 Lichtjahre) entfernt wäre. Unsere Sonne ist mit 4^M,7 nur ein relativ schwacher Stern.

Schöpfung, daß wir nicht alle Gesetze unserer jetztigen Erfahrung in diese Zeit des Erschaffens hineininterpretieren dürfen. Vollendet bedeutet fertig in jeder Hinsicht: Das Licht der Sterne war also ebenso geschaffen wie die Sterne selbst, d. h., auch von den entferntesten Sternen war das Licht bereits auf der Erde »eingetroffen«. In dem Abschnitt »Denkweisen der Schöpfung« werden wir auf diese naturwissenschaftlich nicht zugängliche Art des Denkens noch näher eingehen.

Einwand 5: Die für die Evolution benötigten Zeitspannen von Jahrmilliarden waren für die biblischen Verfasser unvorstellbar. Derartig hohe Zahlen konnten sie nicht ausdrücken, darum setzten sie vereinfachend den für jedermann geläufigen Begriff »Tag« für die langen Zeitepochen ein.

Antwort: Die Bibel kennt sehr wohl hohe Zahlen. So heißt es in Daniel 7,10 (*Elberf. Übers.*): »Tausend mal Tausend dienten ihm, und zehntausend mal Zehntausende standen vor ihm.« Auch Jeremia 33,22; Richter 20,17 u. a. widerlegen den obigen Einwand. Wären die »Tage« tatsächlich lange Zeitepochen, so würde es in 1. Mose 2,2 wahrheitsgemäß so lauten müssen: »Und also vollendete Gott nach vieltausend mal Tausenden von Jahren seine Werke«, aber es steht geschrieben: »Und also vollendete Gott am **siebenten Tage** seine Werke, die er machte.«

Einwand 6: Zwischen den Versen 1 und 2 in 1. Mose 1 besteht die Möglichkeit, einen langen Zeitraum unterzubringen, so daß man der Evolutionstheorie auch von der Bibel her die benötigten langen Zeiten anbieten könnte.

Antwort: Diese Theorie ist unter dem Namen *»Restitutionstheorie«* oder *»Lückentheorie«* bekannt geworden. Besonders in früheren Zeiten, als zahlreiche wissenschaftliche Fakten noch nicht vorlagen und man eine Lösung des Konfliktes zwischen den riesigen für die Evolution erforderlichen Zeiträumen und dem biblischen Schöpfungsbericht suchte, glaubten bibeltreue Harmonisierer – im Gegensatz zu den bibelkritischen theistischen Evolutionisten – an eine »voradamitische« Zeit. Auf den ersten Blick scheint die Restitutionshypothese als Deutung insofern verlokkend, da sie einerseits die Schöpfung als Sechstagewerk stehen läßt und sich darum mancherlei Widersprüche mit anderen Bibelstellen erspart und andererseits für die langen angenommenen Zeitepochen der Evolutionisten eine biblische Lösung bietet.

Die Restitutionstheorie besagt, daß es vor den eigentlichen Schöpfungstagen bereits eine fertig geschaffene und bewohnte Welt gab. Diese Erschaffung geschah zu dem Zeitpunkt, der in Vers 1 mit »Anfang« bezeichnet ist. Danach kam der Fall *Satans,* die damalige Welt ging zugrunde und wird mit »wüst und leer« beschrieben. Dies ist die Ausgangssituation des eigentlichen Schöpfungsberichtes, wonach dann auf der Erde das Leben *noch einmal* erschaffen bzw. restauriert wird. Diese Theorie erklärt die Fossilien als Folge des satanischen Falles. Wir müssen sie jedoch aus mehreren Gründen zurückweisen:

(1) In 2. Mose 20,11 lesen wir, daß Gott in sechs Tagen Himmel und Erde geschaffen hat; d.h., das Weltall und die Erde wurden **innerhalb** dieser angegebenen Zeitspanne erschaffen, so daß irgendeine lange Zeitepoche für eine wie auch immer geartete Theorie hier nicht untergebracht werden kann.

(2) Die Bibelstellen Jesaja 14,12–17 und Hesekiel 28,11–17 werden als Beschreibung des Falles *Luzifers* gedeutet. Die Restitutionstheorie geht nun von der Voraussetzung aus, daß dieser Fall *Satans* **örtlich** auf die Erde gelegt wird und **zeitlich** zwischen den Versen 1 und 2 von 1. Mose 1 einzuordnen ist. Die Worte JESU aus Lukas 10,18; Johannes 12,31; Johannes 14,30 und Offenbarung 12,7–9 erlauben diese Deutung nicht.

(3) Die Deutung der Fossilien als Reste einer voradamitischen Zeit ist biblisch nicht belegbar, hingegen wird uns die im Sintflutbericht genannte weltweite Wasserkatastrophe als Ursache für den Untergang allen Lebens bezeugt. Heutige geologische Schichten und Fossilien finden in der Sintflut eine leicht nachvollziehbare Deutung [73, 84].

3.4 Schöpfungstage als lange Zeitperioden: Ein biblisch unlösbares Problem

Wir haben mehrere Gründe genannt, die für die 24-Stunden-Länge der Schöpfungstage sprechen und sind auch auf Einwände eingegangen. Abschließend wollen wir darauf hinweisen, daß eine Langzeitdeutung der Tage zu unlösbaren Problemen führt. Verläßt man hier die Wahrheit der Schrift, so wird alle weitere Auslegung der Bibel äußerst problematisch. An einigen Beispielen wollen wir das verdeutlichen:

1. Das Alter Adams: Die Feldtiere sowie *Adam* und *Eva* wurden am sechsten Tag geschaffen. Rechnet man 1000 Jahre für einen Tag, dann war *Adam* zur Zeit des Sündenfalls schon mindestens 2000 Jahre alt. Nach 1. Mose 5,1–3 war *Adam* aber erst 130 Jahre alt, als er *Seth* zeugte.

2. Des Menschen Herrschaft über die Tiere: Gott schuf die Tiere am fünften und sechsten Tag und gab dem Menschen die Herrschaft über sie (1 Mo 1,28). *Ouweneel* stellt die konsequente Frage [63]: »Hat man die Schrift auf seiner Seite, wenn man sagt, die Tiere hätten schon Millionen Jahre existiert und viele von ihnen wären schon lange ausgestorben gewesen, ehe ihr Herrscher erschien?«

3. Die lange Nacht: Nach dem Ansatz des langen Tages (1000 Jahre!) wären die Pflanzen des dritten Schöpfungstages in einer so langen Nacht von 500 Jahren längst abgestorben, denn jede Pflanze braucht das Licht zum Leben.

4. Symbiosen: Unter Symbiose versteht man eine enge Vergesellschaftung zwischen zwei Organismenarten, die für beide Partner *(Symbionten)* nützlich und lebensnotwendig ist. Neben verschiedenen Symbiosen ist in unserem Zusammenhang der *Mutualismus,* d.h. die gegenseitige Abhängigkeit zwischen Samenpflanzen und Tieren, die für die Bestäubung sorgen, von Bedeutung. Die Blüten haben häufig eine so spezifische Gestalt, daß sie nur von einer ganz bestimmten Tierart bestäubt werden können. Man spricht z.B. von Fliegen-, Bienen-, Hummel-, Tagfalter- oder Schwärmerblumen. Neben Insekten bestäuben auch andere Tiere (z.B. Kolibris, Fledermäuse, kleinere Beuteltiere) solche Blüten. Bei einigen Orchideen werden zur besseren Anlockung die bestäubenden Tierarten bis in Einzelheiten der Färbung durch die Kronblätter nachgebildet (z.B. Hummelorchis, Bienenorchis).

Die Pflanzen wurden am dritten Schöpfungstag geschaffen. Die zur Bestäubung infrage kommenden Insekten und Vögel gab es aber erst seit dem fünften Schöpfungstag. Deutet man die Schöpfungstage als große Zeitepochen, so verfängt man sich in einem weiteren unlösbaren Problem: Wie wäre diejenige Vegetation möglich, bei der die Pflanzen lebensnotwendig von ihren Bestäubern abhängen?

3.5 Zusammenfassung

Die Frage nach der Dauer der Schöpfungstage wird immer wieder gestellt; darum haben wir sie auch sehr ausführlich behandelt. Das Wissen um die Länge dieser Tage ist nicht die zentrale Aussage der Bibel. Es ist also auch nicht heilsnotwendig, aber im Angesicht des heutigen Wirrwarrs in der Bibelauslegung wird die Dauer der Schöpfungstage zum Testfall einer bibeltreuen Auslegung. Hier wird deutlich, welche Stellung wir zum Wort haben und ob wir Gott glauben, was er sagt. Nur eine bibeltreue Auslegung zeigt uns den Weg zum Heil: zu JESUS CHRISTUS!

Kürzlich wurde dem Verfasser die Frage gestellt, ob man als Christ auch die Evolutionslehre akzeptieren *könne* und ob man die Schöpfungstage so wörtlich nehmen *müsse*. Die Antwort hierauf lautet: Unser Heil fängt immer mit JESUS an. Nur in der Bekehrung zu **ihm** werden wir gerettet. Er ist der Anfänger, aber auch der Vollender des Glaubens. Durch unsere einseitige Prägung im Umfeld von Schule und Studium und durch den Einfluß der Massenmedien haben die meisten Menschen die Evolutionslehre mehr oder weniger akzeptiert. Am Tage der Bekehrung zu JESUS wird das evolutionistische Gedankengut i. a. nicht schlagartig abfallen. Dennoch sind wir von jenem Tage an gerettet: Nicht unsere Erkenntnis rettet uns, sondern die Zugehörigkeit zum Sohn Gottes. Der Schächer am Kreuz kam durch JESUS in den Himmel; er hatte keine Gelegenheit mehr zur Erkenntnisgewinnung aus der Bibel. Wir aber stehen nicht in einer solchen Grenzsituation, wenn wir JESUS in unser Leben aufgenommen haben. Wir werden nach der Bekehrung täglich in seinem Wort lesen. Dieses Wort werden wir mehr und mehr lieben, und es wird uns zunehmend prägen. Wir spüren sehr bald, daß die Bibel nicht das Werk gewandter Literaten darstellt oder die ausgeklügelten Gedanken tiefsinniger Philosophen wiedergibt, sondern daß hier der heilige Gott zu uns redet. Wenn wir dieses Wort lesen, wird unser Vertrauen darin wachsen. So werden wir auf diesem neuen Wege an zahlreichen Stellen umdenken. Unser Denken wird neu, wir polen um. Durch die Entmischung von Zeitgeist und Gottes Wort gewinnen wir zunehmend Orientierung. Dabei werden wir auch bald auf die Herkunftsfrage kommen und die zahlreichen Informationen Gottes zu diesem Themenkomplex akzeptieren. Zwangsläufig wird die Evolutionslehre zurücktreten, wir werden ihre Mängel erkennen und sie schließlich völlig fallenlassen. Wer sich dann auch noch naturwissenschaftlich mit der Thematik befaßt, wird es als weitere Denkbefreiung empfinden, daß gesicherte Naturerkenntnis nicht für Evolution, sondern für Schöpfung spricht. Wo der Prozeß des Glaubenswachstums nicht in die Richtung stärkeren Vertrauens zum Worte Gottes hin wächst, muß derjenige sich fragen, wo er steckengeblieben ist oder ob er wirklich wiedergeboren ist zu einer lebendigen Hoffnung. JESUS sagt uns: »Wer aus der Wahrheit ist, der höret meine Stimme« (Joh 18,37). Das Wort Gottes ist die Stimme JESU. So **muß** ich nicht an die Länge der Schöpfungstage glauben, aber ich werde sein Wort auch hier ernst nehmen und nicht daran herumdeuteln. Aus Liebe zum Schöpfer wollen wir keinem Wort den Gehorsam verweigern. Das Zeugnis von *C. H. Spurgeon* sollte das Zeugnis jedes Bekehrten sein [77]:

> »In der Bibel stoßen wir auf Eindeutigkeit und Gewißheit. Die Schriftwahrheit ist nicht ein Wachsklumpen, dem man eine beliebige Form geben, oder ein Stück Zeug, das man nach der jeweiligen Mode zuschneidern kann. Was die Bibel sagt, ist gewiß; es ist kein aber oder wenn oder

vielleicht oder mag sein, es sind keine 50000 Verklausulierungen dahinter, so daß am Ende etwas ganz anderes wahr wäre. Es ist mir offenbart als eine unumstößliche Tatsache, die man glauben muß, und das Gegenteil davon ist ein tödlicher Irrtum und kommt vom Vater der Lügen. Wir glauben, daß alles, was in dem uns von Gott gegebenen Buch vorkommt, Gottes eigenes Zeugnis und nichts Geringeres ist. Gott verhüte, daß wir uns je durch jene Erklärungen über die Art der Inspiration betören lassen, durch die sie schließlich ganz wegerklärt wird. Das Buch ist ein Werk Gottes, es ist vollkommen, es ist der höchste Gerichtshof, der Richter, der dem Streit ein Ende macht. Sowenig ich mir's einfallen lasse, meinen Schöpfer zu lästern, ebensowenig zweifle ich an der Unfehlbarkeit seines Wortes!«

4. Wer ist der Schöpfer?

Einem mir bekannten Urstamm-Missionar, der unter Urwaldnomaden arbeitet, stellte ich die Frage, wie er es fertigbringt, diesen Menschen einen Gott zu erklären, den sie nicht sehen können. Ich ging davon aus, daß diese Menschen, die zuvor noch keinen Kontakt mit der Zivilisation hatten, es eher fertig brächten, Holz und Stein als Gott zu akzeptieren, denn einen unsichtbaren Gott. Die Antwort des Missionars war überraschend: *Daß ein Gott ist, wissen sie alle.* Sie sehen die Bäume, die Blumen, die Tiere, die Berge, die Sonne, die Gestirne... und folgern: Das muß jemand gemacht haben. Wer? – das wissen sie nicht. An dieser Stelle habe ich es einfach, erklärte der Missionar, ich verkündige ihnen den unsichtbaren Gott der Bibel als den Urheber aller Dinge. Das verstehen sie unverzüglich. Wenn diese Menschen aufgrund ihrer einfachen Naturerkenntnis so klar auf den Urheber der Schöpfung zu schließen vermögen, wieviel mehr haben wir durch tiefere Einblicke dank naturwissenschaftlicher Forschung (vgl. insbesondere Kap. 5.5) einen noch stärkeren Hinweis auf den Schöpfer. Diesem Gott nun zu dienen, ihm gehorsam zu sein und ihn zu preisen, ist dann ein zweiter Schritt, dem aufgrund verlangter persönlicher Entscheidung nicht alle folgen.

Auch das Zeugnis der heidnischen Philosophen belegt die Grunderkenntnis einer notwendigen Schöpferperson für zweckorientierte Werke. *Aristoteles* (384–322 v. Chr.), der über Herkunftsfragen nachdachte, gelangte zu vier Begriffen der Ursache:

1. causa formalis (Formursache)
2. causa materialis (Materialursache)
3. causa efficiens (Antriebs- oder Wirkursache)
4. causa finalis (End- oder Zweckursache).

Aristoteles erklärte am Beispiel des Hausbaus die Zuordnung dieser Begriffe:

Bauplan des Hauses	= causa formalis
Baumaterial	= causa materialis
Erstellung des Baues	= causa efficiens
Absicht des Bauherrn	= causa finalis

Die »Wer-Frage« nach der Schöpfung ist tief in uns Menschen verankert, und wir suchen eine Antwort darauf. Nach der Evolutionslehre ist diese Frage jedoch höchst verpönt, wie mit einigen Zitaten belegt sein soll. *F. M. Wuketits* [88] nennt es »fabulieren«, wenn von einem »planenden Geist« oder einem »Designer« in der Natur gesprochen wird. Nur auf einem »Mystizisten-Kongreß« sei nach seiner Meinung so etwas ohne Gelächter möglich. Auch der Mikrobiologe *R. W. Kaplan* [46] verwahrt sich gegen die Annahme eines Schöpfers:

> »Die Sicht der Lebensentstehung als eines notwendigerweise in der Stoffevolution geschehenen Vorgangs paßt nicht zur verbreiteten Überheblichkeit, die dem Menschen eine übernatürliche Herkunft zuzumessen sucht.«

Der Freiburger Genetiker *Carsten Bresch* [12] skizziert die der Evolution zugrundeliegende Philosophie ebenso als schöpferlos:

> »Kein Akt eines Schöpfers also, sondern ein Molekularprozeß ohne Richtung, ohne Ziel. Der Mensch ist nicht mehr Krone der Schöpfung nach dem Ebenbild Gottes, nicht Teil eines Planes einer ordnenden Allmacht, sondern: ›Der Mensch ist nichts als ein – wenn auch ganz besonderes – Produkt einer Reihe blinder Zufälle und bitterer Notwendigkeiten. Das Wesen der Evolution ist die Abwesenheit von Motiv und Zweck.‹«

Der so »aufgeklärte« Mensch des 20. Jahrhunderts hat sich mit der Evolutionslehre jenes natürliche Denken, das ihm erlaubt, schlußfolgernd von der Schöpfung zum Schöpfer zu gelangen, das die unberührten Naturvölker mitbringen, zerstört. Er hat sich damit in eine Gottlosigkeit ungeheuren Ausmaßes hineinmanövriert. Er findet weder Sinn noch Halt in diesem Leben und hat sich durch die bewußte Abkopplung von Gott auf ein Fließband zur Hölle begeben.

In diese Situation hinein bezeugen wir den persönlichen Gott, der sich in JESUS uns liebend zugewandt hat. Er hat uns die »Wer-Frage« letztgültig beantwortet, auf die wir im folgenden eingehen wollen.

4.1 CHRISTUS, der Werkmeister der Schöpfung

Die Bibel beginnt weder mit philosophischen Denkschemen noch mit Existenzbeweisen, sondern legt ein bleibendes Fundament: »Am Anfang schuf Gott.« Gott war **vor** allem da. Bevor es Materie, Raum und Zeit gab, ist Gott der Handelnde. Dieser Anfangsvers der Bibel ist nach *Luther* die Basis des »Ersten Glaubensartikels« geworden: »Ich glaube an Gott den Vater, den Allmächtigen, den Schöpfer Himmels und der Erde.« Es ist gut und hilfreich, daß die Glaubensväter wichtige Wahrheiten kurzgerafft zusammenfaßten, um grundlegendes Glaubensgut einprägsam festzuhalten. In der Kürze liegt aber auch immer eine Verkürzung. So erweckt der Erste Artikel den Eindruck, als sei Gott Vater **allein** der Schöpfer. Im Neuen Testament wird die Wer-Frage viel weitgehender offenbart. So wird durch das Wort in 1. Korinther 8,6 JESUS CHRISTUS in das Schöpfungswerk voll einbezogen:

> »So haben wir nur einen Gott, den Vater, **von** welchem **alle Dinge** sind und wir zu ihm; und einen Herrn, JESUS CHRISTUS, **durch** welchen **alle Dinge** sind und wir durch ihn.«

Auch der Heilige Geist ist beteiligt; dieser Anteil ist jedoch weniger offensichtlich. Erkennbar ist sein Wirken im zweiten Vers des Schöpfungsberichts: »... und der Geist Gottes schwebte auf dem Wasser.« Ein entscheidender Hinweis, daß Gott Vater nicht allein der Schaffende ist, geht aus 1. Mose 1,26 hervor: **»Lasset uns** Menschen machen.« Diese Pluralform wollen wir uns an einem alltäglichen Geschehnis gleichnishaft verdeutlichen: Wenn wir als Familie von Freunden eingeladen werden, fahren wir in der Regel mit dem Auto dorthin. Wenn die Zeit der Rückfahrt naht, dann sage ich als Familienvater: Nun wollen *wir* nach Hause fahren. Spreche ich auch in der Pluralform, so heißt das doch: Nur **einer** wird am Lenkrad sitzen und die Fahrt wirklich ausführen. Der Rest der Familie sitzt auch im Auto und »fährt«, obwohl nur der Fahrer aktiv Gaspedal, Lenkrad und Bremsen betätigt.

Dieses schwache Bild kann uns vielleicht die Sicht vermitteln, die uns die Bibel vom Ausführenden der Schöpfung sagt. *Durch* JESUS CHRISTUS hat Gott die Welt gemacht. So wird es in Hebräer 1,2 klar zum Ausdruck gebracht. Zwei andere Textstellen des Neuen Testaments dokumentieren, daß **alles,** was überhaupt existiert, in JESUS seinen Ursprung hat:

> **»Alle Dinge** sind durch dasselbe (durch das Wort = JESUS) gemacht, und ohne dasselbe ist nichts gemacht, was gemacht ist« (Joh 1,3).
>
> »Er (JESUS) ist das Ebenbild des unsichtbaren Gottes, der Erstgeborene vor allen Kreaturen. Denn in ihm ist alles geschaffen, was im Himmel und auf Erden ist, das Sichtbare und das Unsichtbare, es seien Throne oder Herrschaften oder Reiche oder Gewalten; es ist **alles durch ihn** und zu ihm geschaffen. Und er ist vor allem, und es besteht alles in ihm« (Kol 1,15–17).

Diese Texte geben uns sehr wichtige Informationen über JESUS CHRISTUS als den Schöpfer:

- Es gibt keine Ausnahme in der sichtbaren materiellen Welt von dem, was nicht durch JESUS geschaffen wurde. Der ganze uns erforschliche riesige Kosmos mit den Abermillionen von Galaxien ist hier mit einbezogen.
- Darüber hinaus ist auch das Unsichtbare durch JESUS gemacht. Er belebte die Himmel mit unzähligen Geschöpfen, die die Bibel Engel nennt. Wie alles in Gottes Schöpfung mannig-

faltig und zugleich geordnet ist, so trifft dies auch für die unsichtbare Welt zu, wie es die Ausdrücke Throne, Herrschaften, Mächte und Gewalten anzeigen.

- JESUS ist auch der *Erhalter* dieser Welt. Alles hat in ihm seinen Bestand. Die Welt ist nach ihrer Erschaffung nicht sich selbst überlassen geblieben, sondern durch sein kraftvolles Wort trägt und erhält er die Welt. So brauchen wir uns nicht zu fürchten vor einer kosmischen Katastrophe durch einen Sternenzusammenstoß oder dem Ausbrennen und Erkalten der Sonne. JESUS erhält die Welt bis zu seiner Wiederkunft. Er hat alles in seiner festen Hand.
- Der Mensch kam nicht beim Lotteriespiel heraus, wie es *Monod* sagt, sondern wir sind mit einer festen Bestimmung zielgerichtet erschaffen worden: Zu JESUS hin! Das ist das höchste Ziel, das uns gegeben ist.

Es stellt sich die Frage, ob JESU Schöpfertätigkeit schon im Alten Testament bezeugt wird. Dazu betrachten wir Sprüche 8,22–24+30:

> »Der Herr hat mich gehabt im Anfang seiner Wege; ehe er etwas schuf, war ich da. Ich bin eingesetzt von Ewigkeit, von Anfang, vor der Erde. Da die Tiefen noch nicht waren, da war ich schon . . . da war ich der **Werkmeister** bei ihm.«

Das in der *Luther*-Übersetzung verwendete Wort *Werkmeister* weist auch wieder auf die Ausführungstätigkeit JESU bei der Schöpfung hin. Eine weitere Stelle des Alten Testaments, die in diesem Zusammenhang bedeutsam ist, ist Psalm 102,26. Sie wird in Hebräer 1,10 wiedergegeben:

»Du, *Herr,* hast im Anfang die Erde gegründet, und die Himmel sind deiner Hände Werk.«

Wer dieser *Herr* ist, wird durch den Textzusammenhang von Hebräer 1,5–14 deutlich: Es ist niemand anders als JESUS CHRISTUS, der Sohn Gottes. Die Psalmstelle 102,26 erfährt also im Neuen Testament ihre Deutung auf JESUS. Dafür gibt es weitere Beispiele. Auch Psalm 110,1 spricht von JESUS: »Der

Herr hat gesagt zu meinem Herrn.« In Matthäus 22,41–46 weist JESUS die Pharisäer auf die richtige Deutung hin.

Somit können wir feststellen: Altes sowie Neues Testament bezeugen uns JESUS als den Ausführenden, als den Werkmeister, *durch* den die Schöpfung gemacht ist. In JESUS CHRISTUS ist uns – wie es *Bild 4* graphisch veranschaulicht – alles gegeben:

- Er ist das **Fundament,** worauf wir unser Leben gründen können. Wenn eine Bausparkasse mit dem Slogan wirbt: »Auf diese Steine können Sie bauen«, so können wir diesen Satz auf CHRISTUS hin anwenden: »Auf dieses Fundament können Sie sich gründen.« Auf CHRISTUS ist alles gegründet: die Schöpfung, die Schrift, der Glaube, das Heil, der Friede, die Hoffnung, der Weg zum Vater, das Ziel des Lebens.
- Er ist der **Fels,** der unverrückbar in der Brandung der feindlichen Wogen steht. An diesem Fels werden alle gottlosen Systeme gebrochen. Wenn Gott sagt: »Ich will zunichte machen die Weisheit der Weisen« (1 Kor 1,19), dann geschieht das an dem Fels JESUS. Ideologien, Atheismen und Evolutionssysteme zerschellen hier. Ihre Vertreter werden ihre Knie vor diesem Herrn beugen müssen (Phil 2,10), auch wenn sie jetzt noch so heftig den »Planer«, »Designer« und »Schöpfer« ablehnen.
- JESUS ist für die Ungläubigen der verworfene Stein, der Stein des Anstoßes und der Fels des Ärgernisses (1 Petr 2,7–8). Bemerkenswert ist die Aussage des Apostels: »Sie stoßen sich, weil sie an das Wort nicht glauben« (1 Petr 2,8b). Das verworfene Wort und der verworfene Stein haben dieselbe Wirkung der Verlorenheit. Den Gläubigen ist JESUS der »köstliche Eckstein«. Wer an ihn glaubt, der soll nicht zuschanden werden. Er hat ewiges Leben.

4.2 CHRISTUS und seine Schöpfungslehre

Wenn CHRISTUS der Schöpfer ist, wie wir eingehend dargelegt haben, dann können wir von seiner Stellung im Umgang zu den alttestamentlichen Schöpfungstexten Grundlegendes lernen.

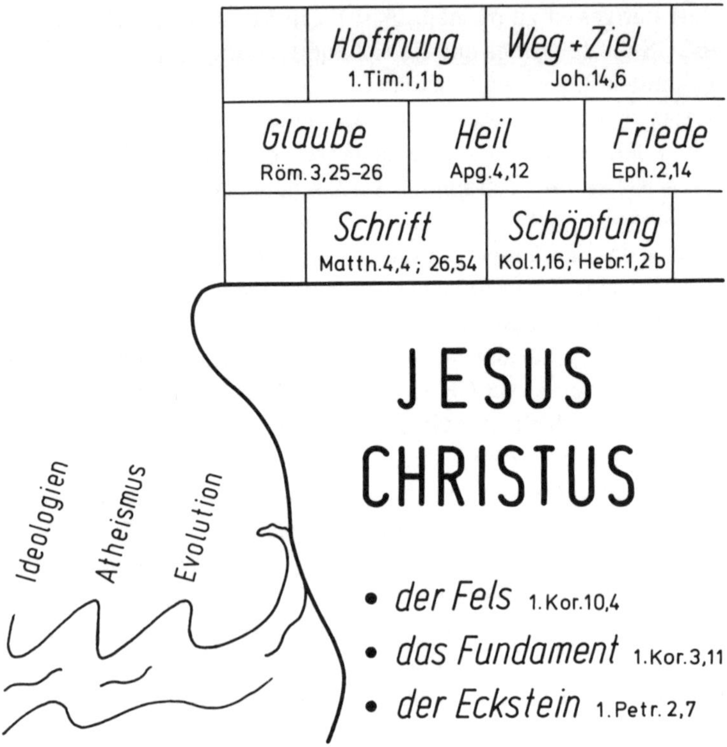

Bild 4:
JESUS CHRISTUS, das einzige tragende Fundament, worauf alles ruht und worauf auch wir uns gründen können.

Tabelle 1 zeigt einige Lehren JESU, die er mit den Schöpfungsaussagen des Alten Testaments begründet. Dabei fallen uns einige Merkmale auf:

- Er lehrte eine textgenaue Interpretation der Genesisberichte. Nirgends hat er etwas umgedeutet, relativiert oder entleert. Vielmehr ging er sehr gründlich mit den Texten um und bestätigte ihre Genauigkeit.
- Er lehrte die Geschichtlichkeit der Genesisberichte und entzieht damit allen Kritikern, die z. B. *Adam* und *Eva* nur symbolische Bedeutung beizumessen suchen, jeden Boden. Ebenso verwies er auf *Noah* als historische Person, und die Sintflut hat er als reales historisches Ereignis bestätigt (Lk 17,26–27; Mt 24,37–39).
- Die Schöpfungsaussagen von 1. Mose 1 und 2 bestätigte er als eine Einheit. Sie waren für ihn so bedeutsam, daß er grundlegende Lehren daraus ableitete und sie dort verankerte (z. B. Ehe, Verhältnis zwischen Mann und Frau, Ruhetag).

Darüber hinaus hat JESUS in so klarer und eindeutiger Weise zur Schrift Stellung bezogen, daß uns damit unveränderliche Maßstäbe gegeben sind, mit denen wir an die Schrift herangehen können. Wenn er immer wieder von der Schrift sprach, dann war die ganze damals vorliegende Bibel gemeint, d. h. das Alte Testament einschließlich der Schöpfungsberichte. Im einzelnen können wir festhalten:

- JESUS bestätigt vorbehaltlos die Schrift:
  »Ihr sollt nicht wähnen, daß ich gekommen bin, das Gesetz oder die Propheten aufzulösen . . . Bis daß Himmel und Erde vergehe, wird nicht vergehen der kleinste Buchstabe« (Mt 5,17–18).
- Dem Feind antwortete er mit der Schrift:
  »Es steht geschrieben!« (Mt 4,4).
- Die Widersprechenden verweist er auf die Schrift:
  »Habt ihr nicht gelesen?« (Mt 12,3).
  »Ihr irret und kennet die Schrift nicht noch die Kraft Gottes« (Mt 22,29).
- Die Schrift wird bis in die letzte Einzelheit erfüllt:
  »Wie würde dann aber die Schrift erfüllt . . .?« (Mt 26,54).

Nr.	Lehre JESU	Zitat JESU aus dem NT
1	Er lehrte die Einheitlichkeit und Verträglichkeit der zwei vermeintlich widersprüchlichen Schöpfungsberichte von 1. Mose 1 und 1. Mose 2.	*Matthäus 19,4–5:* Habt ihr nicht gelesen, daß der im Anfang den Menschen geschaffen hat, schuf sie als Mann und Weib (vgl. Bezug zu 1 Mo 1,27) und sprach: »Darum wird ein Mensch Vater und Mutter verlassen und an seinem Weibe hangen, und werden die zwei ein Fleisch sein?« (Bezug zu 1 Mo 2,24)
2	Er lehrte die Geschichtlichkeit des Schöpfungsberichtes. Seine Lehre über die Ehe, die tiefste Grundlage aller menschlichen Gemeinschaft, verankerte er in dem Schöpfungsbericht.	*Matthäus 19,6:* So sind sie nun nicht mehr zwei, sondern ein Fleisch. Was nun Gott zusammengefügt hat, das soll der Mensch nicht scheiden.
3	Er lehrte, daß die Erschaffung von Mann und Frau am *Beginn* der Schöpfung war, nicht aber Millionen Jahre danach.	*Markus 10,6:* Von Anbeginn der Schöpfung hat Gott sie geschaffen als Mann und Weib.
4	Er lehrte, daß der Kosmos einen *Anfang* hatte und nicht, daß die Materie ewig sei.	*Matthäus 24,21:* . . . wie sie nicht gewesen ist von Anfang der Welt (griech. *Kosmos*) bisher.
5	Er lehrte, daß Gott der Handelnde der Schöpfung war, nicht aber irgendein Naturprozeß oder der Zufall.	*Markus 13,19:* . . . von Anfang der Schöpfung, die Gott geschaffen hat . . .

Nr.	Lehre JESU	Zitat JESU aus dem NT
6	Er lehrte den Bestand der Arten.	*Matthäus 7,16 + 18:* Kann man auch Trauben lesen von den Dornen oder Feigen von den Disteln? Ein guter Baum kann nicht arge Früchte bringen, und ein fauler Baum kann nicht gute Früchte bringen.
7	Er lehrte, den siebenten Tag als Ruhetag zu halten. In den Geboten vom Sinai war dieser Ruhetag mit der Begründung eingeführt, daß Gott nach sechs Schöpfungstagen am siebenten Tage ruhte.	*Markus 2,27:* Der Sabbat ist um des Menschen willen gemacht, und nicht der Mensch um des Sabbats willen.
8	Er lehrte, daß die Welt gegründet wurde, nicht aber durch zufällige Kondensation zusammengeballter Partikel entstand.	*Johannes 17,24:* ... ehe denn die Welt gegründet ward.
9	Er lehrte, daß auch die Sonne Gott zugehörig war.	*Matthäus 5,45:* ... auf daß ihr Kinder seid eures Vaters im Himmel. Denn er läßt *seine* Sonne aufgehen ...
10	Er lehrte nach 1. Mose 1,30, daß Gott die Vögel unter dem Himmel machte und Vorsorge für ihre Nahrung traf.	*Mattäus 6,26:* Sehet die Vögel unter dem Himmel an: sie säen nicht, sie ernten nicht, sie sammeln nicht in die Scheunen; und euer himmlischer Vater nährt sie doch.

Tabelle 1: Einige der Lehren JESU, die er ausgehend vom Schöpfungsbericht begründete.

»Aber das ist alles geschehen, damit erfüllt würden die Schriften.« (Mt 26,56).
- Der Glaube an JESUS setzt den Glauben der Schriften des *Mose* voraus:
  »Wenn ihr aber den Schriften des *Mose* nicht glaubet, wie werdet ihr meinen Worten glauben?« (Joh 5,47).
- JESU Worte und Aussagen sind wahr und unvergänglich: »Himmel und Erde werden vergehen; aber meine Worte werden nicht vergehen« (Mt 24,35).

Watchman Nee sagte einmal: »Alles muß von der Person des Herrn JESUS her verstanden werden.« So gibt JESUS uns selbst den rechten Schlüssel, um mit der Bibel umzugehen. Als Informatiker ist für den Verfasser bedeutsam: *Wenn Gott durch sein Allmachtswort ein Universum ins Dasein ruft, wieviel mehr sollte es ihm möglich sein, Information an uns Menschen weiterzugeben, die uns unverfälscht erreicht und auf die wir uns so verlassen können, wie sie uns in der Bibel vorliegt. Die Bibel ist wirklich die Offenbarungsurkunde Gottes.*

5. Welches sind die Methoden der Schöpfung?

Die Bibel läßt uns nicht im Unklaren darüber, **wie** Gott die Schöpfung gemacht hat, d. h. nach welchen generellen Prinzipien dieses Geschehen durchgeführt wurde. Diese Grundsätze sind an verschiedenen Stellen der Schrift zu finden, so daß wir sie sorgfältig zusammentragen müssen. Wie unsere menschlichen Gestaltungen auch Eigentümlichkeiten des Urhebers widerspiegeln, so trägt auch die Schöpfung Gottes unverkennbar seine »Handschrift«, die an seinen Werken ablesbar ist.

Häufig sind Erfindungen untrennbar mit den Namen ihrer Konstrukteure verknüpft wie z. B. das Luftschiff mit dem Grafen *Zeppelin,* der Dieselmotor mit *Rudolf Diesel,* das Telefon mit *Philipp Reis* oder der Computer mit *Konrad Zuse.* Im Bereich der Dichtung ist *Goethes »Faust«* nicht zu verwechseln mit *Bert Brechts »Mutter Courage«,* und *Schillers »Glocke«* würde niemand für einen Text aus der *Bildzeitung* halten. Musikkenner merken nach wenigen Takten, wenn ein Stück von *Mozart* erklingt, und *Paul Hindemiths* Zwölftonmusik wird man nicht für *Bach*kantaten halten. Maler und Bildhauer haben ebenso unverwechselbar ihre persönliche Note in ihren Werken hinterlassen. *Michelangelos »Mose«* wird man nicht als das Werk eines *Picasso* ausgeben können, und *Rembrandts »Verlorener Sohn«* spiegelt hinsichtlich Maltechnik, Motivwahl und Ausdrucksweise so sehr seine Eigenart wider, daß dieses Gemälde unmöglich dem Surrealisten *Salvadore Dali* zuzuschreiben wäre.

So hat auch Gott in unnachahmlicher Weise seiner Schöpfung den Stempel aufgedrückt. Es ist ein für jeden lesbares Autogramm, darum sagt der Psalmist, daß »keine Sprache noch Rede« (Ps 19,4) erforderlich ist, um ihre Stimme zu hören. Einige Prinzipien wollen wir aus der Schrift zusammentragen:

5.1 Schöpfungsmethode: Aus dem Nichts

Jede Maschinenbaufirma benötigt zur Fertigung einer Maschine die erforderlichen Rohstoffe und Halbfabrikate (z. B. Drähte, Bleche), um das Erzeugnis herzustellen. Ein Pharmazeutiker kann aus chemischen Grundstoffen Medikamente synthetisieren, und ein Bildhauer kann aus einem Granitblock eine ästhetische Skulptur heraushauen, aber niemand könnte auch nur ein Sandkorn oder 1 cm^3 Wasserstoff aus dem Nichts herstellen. Wir können nur bereits vorhandene Stoffe chemisch umwandeln oder sie gestaltmäßig verändern.

Anders ist das bei dem Schöpfer: Er schafft aus dem Nichts. Er ruft das Nichtseiende, daß es da sei. Das gilt gemäß Römer 4,17 nicht allein für die Materie, denn für Gott gibt es nirgends ein Unmöglich. Diese Schöpfung »ex nihilo« wird in Hebräer 11,3 besonders deutlich:

> »Durch den Glauben erkennen wir, daß die Welt durch Gottes Wort gemacht ist, so daß alles, was man sieht, **aus nichts** geworden ist.«

Alles, was wir sehen, ist also nicht entwicklungsmäßig aus früheren Stadien der Materie hervorgegangen (etwa: Urknall → Gaswolke → Galaxien → Sonne → Erde → Leben), sondern Gott rief alles in Existenz, ohne von Vorhandenem auszugehen. Dieser Aspekt wird besonders deutlich in einer anderen Übersetzung des obigen Verses:

> »Durch Glauben erkennen wir, daß die Welten durch ein Allmachtswort ins Dasein gerufen worden sind, damit **nicht** etwa das Sichtbare **aus dem Vorhandenen** selbst entstanden gedacht wird.«

Ebenso eindeutig gibt es die englische *»New International Version«* wieder:

> »By faith we understand that the universe was formed at God's command, so that what is seen was not made out of what was visible.«

Durch dieses Gotteswort ist bereits eine klare Absage an alle Evolutionstheorien ausgedrückt, die durchweg von vorhandener Materie ausgehen.

5.2 Schöpfungsmethode: Spontan

Alle Evolutionstheorien brauchen zu ihrer Begründung sehr lange Zeiträume, denn die Entwicklung soll so langsam vor sich gegangen sein, daß keine Generation etwas davon spürte. Wenn die Bibel von Schöpfung spricht, dann werden dort immer spontan eintretende Ereignisse geschildert. Das Handeln Gottes ist nicht an lange Zeiträume gekoppelt, auch wenn *Rohrbach* gerade dies unterstellt [69]: »Versteht man die Schöpfungstage als Schöpfungsabschnitte, so braucht man nicht vor den langen Zeiträumen zu erschrecken.« Wir erschrecken nicht vor langen Zeiträumen, sondern vor der willkürlichen Abänderung des biblischen Zeugnisses. Gottes Wort und Befehl haben augenblickliche Erfüllung zur Folge. Psalm 33,9 wollen wir in verschiedenen Übersetzungen hören:

> »Denn er sprach: da geschah's;
> er gebot: da stand es da« *(Menge)*.
>
> »Denn er hat gesprochen – da ward es;
> er hat geboten – und es stand da« *(Albrecht)*.
>
> »Denn er spricht, und es geschieht;
> er gibt einen Befehl, schon ist er ausgeführt« *(Gute Nachricht 1982)*.

Auch Psalm 148,5 vermittelt für das Schöpfungshandeln das sofortige fertige Ergebnis auf den gebieterischen Ruf Gottes hin:

> »Denn er gebot, und sie waren geschaffen« *(Elberfelder)*.

So können wir nur mit *C. H. Spurgeon* einstimmen: »Es ist überwältigend, wie leicht und schnell Gott erschaffen kann.«

5.3 Schöpfungsmethode: Durch Kraft

Kraft, eine Wesensart Gottes: Neben vielen Merkmalen Gottes wie Liebe, Licht, Leben, Güte, Barmherzigkeit ist auch **Kraft** eines seiner Wesenskennzeichen. Im Vaterunser beten wir: »Dein ist das Reich und die **Kraft** und die Herrlichkeit in Ewigkeit«, und in Psalm 147,5 steht: »Unser Herr ist groß und von großer **Kraft**.«

Kraft, eine Wesensart JESU: Schon in der prophetischen Ankündigung JESU wird seine Kraft genannt: »Denn uns ist ein Kind geboren, ein Sohn ist uns gegeben, und die Herrschaft ist auf seiner Schulter; und er heißt Wunderbar, Rat, **Kraft,** Held, Ewigvater, Friedefürst« (Jes 9,5). In der Offenbarung des *Johannes* gibt es sieben Lobhymnen (Doxologien), wobei viermal (Offb 5,12; Offb 7,12; Offb 12,10; Offb 19,1) die Kraft Gottes und JESU gepriesen wird. In Offenbarung 5,12 steht von den sieben genannten Wörtern die Kraft sogar an erster Stelle: »Das Lamm, das erwürgt ist, ist würdig, zu nehmen **Kraft** und Reichtum und Weisheit und Stärke und Ehre und Preis und Lob.«

Kraft, eine Wesensart des Heiligen Geistes: Auch der Heilige Geist erweist sich in Kraftwirkungen. Im Missionsbefehl am Ende des Lukasevangeliums spricht der Herr JESUS von der Kraft des Heiligen Geistes: »Und siehe, ich will auf euch senden die Verheißung meines Vaters. Ihr aber sollt in der Stadt bleiben, bis daß ihr angetan werdet mit Kraft aus der Höhe« (Lk 24,49).

Wie im Bereich der Physik Kräfte nicht direkt sichtbar sind, sondern nur an ihren Auswirkungen ermessen werden können, gilt dieses auch für die Kraft Gottes. Ihre Wirkungen sind beispielsweise:
- die Auferstehung JESU und auch unsere Auferstehung (1 Kor 6,14),
- die Krankenheilungen (Mk 5,30; Lk 5,17),
- die uns verändernde Wirkung des Evangeliums (Röm 1,16).

Die Bibel bezeugt uns nun, daß Gott bei der Schöpfung seine **Kraft** eingesetzt hat: »Er hat die Erde **durch seine Kraft** gemacht« (Jer 10,12). Die Größe dieser eingesetzten Kraft können wir heute noch an der Schöpfung ablesen: »Denn Gottes unsichtbares Wesen, das ist seine ewige **Kraft** und Gottheit, wird ersehen seit der Schöpfung der Welt und wahrgenommen an seinen Werken« (Röm 1,20). Der gesamte Kosmos ist somit ein Zeichen der Kraft Gottes; die Erde und das All geben uns Zeugnis von seiner

Wirkung und Herrlichkeit. An Hand einiger Zahlen wollen wir uns eine Vorstellung davon verschaffen:

Unsere Sonne hat eine Masse, die 330000mal größer ist als die unserer Erde. In jeder Sekunde verliert die Sonne 4,3 Mill. Tonnen dieser Masse und setzt sie entsprechend der Gleichung von *Einstein* $E = m \cdot c^2$ in Energie um. Die Gesamtstrahlung der Sonne beträgt danach $3{,}86 \cdot 10^{20}$ MW. Das ist eine so unvorstellbare Leistung, die noch um

150000000000000000mal (150 Billiarden!)

größer ist als die eines der größten Kernkraftwerke der Welt, *Biblis* in Hessen, mit 2500 MW. Ein *Hurrikan* (tropischer Wirbelsturm) bewegt etwa 3,5 Milliarden Tonnen Luft mit einer Geschwindigkeit von 150-300 km/h. Das entspricht einer Leistung von $6 \cdot 10^{12}$ MW (6 Billionen!). Auch über solche Wetter steht unser Gott: »Er ist der Herr, dessen Weg in Wetter und Sturm ist; die Wolken sind Staub unter seinen Füßen« (Nah 1,3b).

Keine Kraft dieser Welt und des Weltalls ist vergleichbar mit der Kraft Gottes, denn alles ist durch ihn geschaffen. Im Bereich der Astronomie kennen wir Massenkräfte, mit denen sich die Gestirne anziehen. Sie sind nur noch durch Zahlen ausdrückbar, bei denen uns jedes Vorstellungsvermögen verloren geht. Beziehen wir in unsere Überlegungen die unzählbaren Sterne mit ein, deren Gesamtmasse man mit 10^{54} kg abschätzt, und rechnen dies nach $E = m \cdot c^2$ um, so erhalten wir die immense Energie von 10^{61} MWh. All diese unvorstellbaren Kräfte und Energien wurden freigesetzt durch das »Und-Gott-sprach«. So ist es verständlich, daß Paulus die Worte fehlen, wenn er in menschlicher Sprache von der Größe der Kraft Gottes redet. In Kolosser 1,11 spricht er von der »Macht seiner Herrlichkeit« (*Elberf. Übers.*) und in Epheser 1,19 von der »Energie der Gewalt seiner Stärke«. Diesen Vers nannte darum auch jemand die **Atombombe Gottes:** »Daß ihr erkennen möget..., was da sei die überschwengliche Größe seiner Kraft an uns, die wir glauben, weil die Macht seiner Stärke bei uns wirksam wurde, die er in CHRISTUS wirken ließ« (Eph 1,18-20a). Die Kraftfülle Gottes ist unermeßlich, unerschöpflich und für uns auch unvorstellbar. Diese Kraft brachte auch die Schöpfung hervor.

5.4 Schöpfungsmethode: Durch das Wort

Es gehört wohl zu den tiefsten Geheimnissen des Schöpfungszeugnisses, *wie* die Erschaffung *»durch das Wort«* geschah. In Psalm 33,6 heißt es: »Der Himmel ist **durch das Wort** des Herrn gemacht und all sein Heer durch den Geist seines Mundes«, und Hebräer 11,3 sagt uns: »Durch Glauben verstehen wir, daß die Welten **durch Gottes Wort** bereitet worden sind, so daß das Sichtbare *nicht* aus Erscheinendem geworden ist« (*Rev. Elberf.*). Die sichtbare Welt ist *nicht* aus wahrnehmbaren Dingen entstanden. Wie also dann? Aus den Gedanken Gottes! Durch das Wort Gottes! Durch das Wort seiner Macht wurden die Gedanken Gottes in sichtbare Wirklichkeit, in die für uns wahrnehmbare Schöpfung, umgesetzt. Wie ist dieser Vorgang erkennbar? Durch Naturwissenschaft? Durch Forschung? Durch philosophisches Denken? Dieses Geheimnis bleibt einzig dem Glauben vorbehalten: **»Durch Glauben** erkennen wir...« Einen anderen Zugang gewährt uns Gott nicht. Er hat den Prozeß der Informationsgewinnung über den Glauben geleitet. Alle anderen Erkenntnisversuche erweisen sich darum als nicht gangbar. In 1. Mose 1 heißt es zehnmal »Und Gott **sprach.«** Die ausgesprochenen Gedanken Gottes wurden so rasch realisiert, daß Gott sie unmittelbar danach betrachten konnte: »Und Gott **sah!«**

Der Beginn des Johannesevangeliums führt uns dem Geheimnis »durch das Wort« ein erhebliches Stück näher. Dieses »Wort« ist nicht ein Schall oder eine Buchstabenkette, sondern eine Person, wie Gott selbst Person ist:

> »Im Anfang war das Wort, und das Wort war bei Gott, und Gott war das Wort. Dasselbe war im Anfang bei Gott. Alle Dinge sind durch dasselbe gemacht, und ohne dasselbe ist nichts gemacht, was gemacht ist.«

Spätestens bei Vers 10 »Er war in der Welt, und die Welt ist durch ihn gemacht« wird deutlich, daß dieses Wort (griech. *der Logos*) JESUS CHRISTUS ist. JESUS und das Wort bilden eine große Einheit – ja beinahe Identität –, die sich mit zahlreichen Schriftstellen belegen läßt. Die in *Tabelle 2* dargestellte Gegen-

Einheit von CHRISTUS u. Wort	JESUS CHRISTUS	Wort Gottes
Beide sind ewig	*Hebräer 13,8*: »Jesus Christus gestern und heute und derselbe in Ewigkeit.«	*1. Petrus 1,25*: »Des Herrn Wort bleibt in Ewigkeit.« *Matthäus 24,35*: »Himmel und Erde werden vergehen; aber meine Worte werden nicht vergehen.«
Beide sind Quellen des Lebens	*Johannes 14,6:* »Ich bin ... das Leben.«	*Hebräer 4,12:* »Das Wort Gottes ist lebendig und kräftig.«
Beide sind Licht	*Johannes 8,12:* »Ich bin das Licht der Welt.«	*Sprüche 6,23:* »Das Gebot ist eine Leuchte und das Gesetz ein Licht.«
Beide sind Speise für die Seele	*Johannes 6,35:* »Ich bin das Brot des Lebens.«	*Jeremia 15,16:* »Dein Wort ward meine Speise.« *Matthäus 4,4:* »Der Mensch lebt nicht vom Brot allein, sondern von einem jeglichen Wort, das durch den Mund Gottes geht.«
Beide müssen angenommen werden, um gerettet zu werden	*Johannes 1,12:* »Wie viele ihn aber aufnahmen, denen gab er Macht, Gottes Kinder zu werden.«	*Jakobus 1,21*: »Nehmet das Wort an mit Sanftmut, das in euch gepflanzt ist, welches eure Seele retten kann.«
Zurückweisung des Einen führt zum Verderben	*Johannes 8,24*: »So ihr nicht glaubt, daß ich es bin, so werdet ihr sterben in euren Sünden.«	*1. Korinther 1,18:* »Das Wort vom Kreuz ist eine Torheit denen, die verloren werden.«

Einheit von CHRISTUS u. Wort	JESUS CHRISTUS	Wort Gottes
Beide werden uns einst richten	*Apostelgeschichte 17,31:* »Er... wird den Erdkreis richten in Gerechtigkeit durch einen Mann, den Er dazu bestimmt hat.«	*Johannes 12,48:* »Das Wort, das ich geredet habe, das wird ihn richten am jüngsten Tage.«
Beide sind Wahrheit	*Johannes 14,6:* »Ich bin . . .die Wahrheit.«	*Johannes 17,17:* »Dein Wort ist die Wahrheit.« *Psalm 119,160:* »Dein Wort ist nichts denn Wahrheit.«
Beide sind Weg	*Johannes 14,6:* »Ich bin der Weg.«	*Psalm 119,105:* »Dein Wort ist meines Fußes Leuchte und ein Licht auf meinem Weg.«
Beide sind makellos	*1. Johannes 3,5:* »Es ist keine Sünde in ihm.«	*Sprüche 30,5:* »Alle Worte sind durchläutert.«
Beide teilen das Göttliche und das Menschliche	*1. Timotheus 3,16:* »Gott ist geoffenbart worden im Fleisch.« *Johannes 1,14:* »Das Wort ward Fleisch und wohnte unter uns, und wir sahen seine Herrlichkeit, eine Herrlichkeit als des eingeborenen Sohnes vom Vater, voller Gnade und Wahrheit.«	*2. Petrus 1,21:* »Heilige Menschen Gottes redeten, getrieben vom Heiligen Geist.«

Einheit von CHRISTUS u. Wort	JESUS CHRISTUS	Wort Gottes
Beide wurden verraten und verworfen	*Psalm 118,22:* »Der Stein, den die Bauleute verworfen haben, ist zum Eckstein geworden.« *Johannes 1,11:* »Die Seinen nahmen ihn nicht auf.«	*Jeremia 36,28:* »Nimm dir wiederum ein anderes Buch und schreib alle vorigen Reden darein, die im ersten Buch standen, welches Jojakim, der König Judas, verbrannt hat.« *Apostelgeschichte 13,46:* »Euch mußte zuerst das Wort Gottes gesagt werden; nun ihr es aber von euch stoßet und achtet euch selbst nicht wert des ewigen Lebens . . .«
Beides ist kräftig	*Jesaja 9,5:* »Er heißt . . . Kraft.«	*Hebräer 4,12:* »Das Wort Gottes ist lebendig und kräftig.«
Beides ist von Gott gesandt	*Galater 4,4:* »Als aber die Zeit erfüllet ward, sandte Gott seinen Sohn.«	*Jesaja 51,16:* »Ich lege mein Wort in deinen Mund.« *Jeremia 7,1:* »Dies ist das Wort, das vom Herrn geschah.«
Durch beides ist die Schöpfung gemacht	*Kolosser 1,16:* »Es ist alles durch ihn und zu ihm geschaffen.«	*Hebräer 11,3:* »Durch den Glauben verstehen wir, daß die Welten durch Gottes Wort bereitet worden sind.«

Tabelle 2: Biblische Gegenüberstellung von Aussagen über CHRISTUS und das Wort. An zahlreichen Belegen wird die Einheit von CHRISTUS und Wort deutlich.

überstellung vermittelt einen tiefen Eindruck davon. Zu den gewaltigsten Aussagen JESU gehören die »Ich-bin«-Worte. Obwohl es den Satz »Ich bin das Wort« in dieser Form nicht explizit gibt, so drücken der Anfang des Johannesevangeliums und die Textstelle von Offenbarung 19,13 »Sein Name heißt: Das Wort Gottes« doch sinngemäß gerade das aus. Die Schöpfung geschah also durch JESUS, der in seinem Wesen ganz und gar »das Wort Gottes« ist. Der Apostel kann darum sagen: »Alles wurde durch ihn, und ohne ihn wurde auch nicht eines, was geworden ist.«

5.5 Schöpfungsmethode: Durch Weisheit und Rat

Die biblischen Begriffe *»Weisheit«* und *»Rat«* entsprechen einander und sind Synonyme für die heute üblichen Worte *»Intelligenz«* und *»Information«*. Einige Zitate sollen uns die Schöpfungsmethode »durch Weisheit« vergegenwärtigen:

Sprüche 3,19: »Denn der Herr hat die Erde **durch Weisheit** gegründet und **durch seinen Rat** die Himmel bereitet.«

Psalm 104,24: »Herr, wie sind deine Werke so groß und viel! Du hast sie alle **weislich** geordnet, und die Erde ist voll deiner Güter.«

Psalm 136,5: »...der die Himmel **weislich** gemacht hat.«

Bei den Begriffen Weisheit und Rat haben wir es mit einer weiteren Wesensart JESU zu tun. Die prophetische Namensankündigung ist gleichzeitig Wesenszug der Person: »Er heißt Wunderbar, **Rat...**« (Jes 9,5). Im Neuen Testament wird diese Aussage noch weiter vertieft: »In CHRISTUS liegen verborgen alle Schätze der **Weisheit** und der Erkenntnis« (Kol 2,3). Wenn CHRISTUS der Schöpfer ist, dann kann seine Schöpfung nicht nach Prinzipien gemacht sein, die auf Zufall beruhen (Mutation, Selektion, Selbstorganisation). Bevor wir uns einige »Erfindungen« in der Schöpfung ansehen, wollen wir das Zeugnis von *Manfred Eigen,* einem Evolutionsvertreter, hören, der daran glaubt, daß die Entstehung des Lebens allein physikalisch und chemisch deutbar ist [20]:

»Jedes durch Mutation und Selektion erhaltene System ist hinsichtlich seiner individuellen Struktur unbestimmt, trotzdem ist der resultierende Vorgang der Evolution zwangsläufig – also Gesetz ... Der Optimierungsvorgang der Evolution ist somit im Prinzip unausweichlich, hinsichtlich der Auswahl der individuellen Route jedoch nicht determiniert. Schließlich zeigt sich, daß die Entstehung des Lebens an eine Reihe von Eigenschaften geknüpft ist, die sich sämtlich physikalisch eindeutig begründen lassen. Die Vorbedingungen zur Ausbildung dieser Eigenschaften sind vermutlich schrittweise erfüllt worden, so daß der ›Ursprung des Lebens‹ sich ebensowenig wie die Evolution der Arten als einmalig vollzogener Schöpfungsakt darstellen läßt.«

Wie sehr ihm der Gedanke an einen persönlichen Schöpfer widerstrebt, wird deutlich in der von ihm verfaßten Vorrede zu *Monods* Buch *»Zufall und Notwendigkeit«* [59]:

»Die Molekularbiologie hat dem Jahrhunderte aufrecht erhaltenen Schöpfungsmystizismus ein Ende gesetzt ... Wenn wir schon eine Begründung unserer Ideen finden wollen, so sollten wir diese in der letzten Stufe, nämlich beim Zentralnervensystem des Menschen, suchen, denn hier ist der Ursprung aller Ideen.«

Die völlige Unvereinbarkeit von Schöpfung und Evolution kommt hier deutlich zum Ausdruck. Während ein Evolutionist den **Ursprung aller Ideen** beim Menschen sieht, d.h. letztlich in der Materie, denn der Mensch ist nach seinem Glauben nur ein Produkt rein materieller Prozesse, so sieht ein bibelgläubiger Christ den **Ursprung aller Ideen** in Gott bzw. in CHRISTUS, dem Ursprung aller Weisheit und Erkenntnis (Kol 2,3). In den Werken der Schöpfung werden wir daher die Weisheit des Schöpfers entdecken, d.h. einen ungeahnten Ideenreichtum und eine hochgradige Zweckmäßigkeit feststellen. Alljährlich treffen sich in Dayton, Ohio, mehr als 2000 Biologen und Techniker aus allen Teilen der Welt, um Erfahrungen über die gemeinsame »Werkspionage« aus dem Bereich der Schöpfung auszutauschen. Ein

Spezialgebiet dominiert über alle anderen: Die Sinnesorgane bei Tieren und Menschen, die zu unbegreiflich erscheinenden Spitzenleistungen fähig sind. *Vitus B. Dröscher* [19] malt sich eine technische Welt aus, die in der Lage wäre, die Realisierungen der Schöpfung nachzuahmen:

> »Wenn es gelingt, magnetische und elektrische Sinne, Wärmeaugen, Schmetterlingsantennen, Bildhörer, Musterdetektoren, elektronische Instinkte und künstliche Intelligenz technisch in den Griff zu bekommen, wären die Folgen kaum abzusehen. Ein vollautomatischer Kraftwagen, der ohne menschliche Hilfe sicher durch dichtes Verkehrsgewühl steuert, eine künstliche Hunderasse, die getauchten U-Booten durch die Weltmeere folgen oder Verbrecher entlarven kann, ein Roboter mit Sprachverständnis, der die Stenotypistin im Büro ersetzt, ein Tastgerät zum Vorhersagen von Erdbeben und viele andere Dinge würden das Gesicht der Welt verändern.«

Im folgenden wollen wir einige ausgewählte Beispiele ansehen, die uns Zeugnis von den erstaunlichen Ideen Gottes geben:

5.5.1 Die höchstmögliche Informationsdichte

In *Bild 5* sind zwei Medien zur Informationsspeicherung abgebildet. Im linken Bildteil ist im Maßstab 1:1 die **kleinste Bibel der Welt** [58] abfotografiert. Es ist ein Dia, das nach einem speziellen Verfahren (Photo-Chromic-Micro-Image-Verfahren) erstellt wurde und die gesamte Bibel von 1. Mose 1 bis einschließlich Offenbarung 22, d.h. 1189 Kapitel, enthält. Die erkennbaren 25 Zeilen sind nicht Buchstabenzeilen, sondern sie enthalten jeweils 50 Seiten der zugrundegelegten englischen Bibel. Wir wollen nun einmal die statistische Informationsdichte ermitteln. Der englische Bibeltext enthält in 773 746 Wörtern insgesamt 3 556 480 Buchstaben. Diese rechnen wir in entsprechende EDV-Speichereinheiten um. Wenn man die Buchstaben und Leerzeichen zusammennimmt (ohne Satzzeichen und Versnummern) und für jedes Zeichen 1 byte = 8 bit* benötigt werden, so kommt man auf eine Speicherkapazität von 34,8 Millionen Bit. Bei einer Diafläche von 32,34 x 33,26 mm^2 und einer Dicke von 0,4 mm errechnet sich daraus, mit V = 430,25 mm^3, eine Informationsdichte von $I_1 = 80{,}88 \cdot 10^6$ bit/cm^3. Im rechten Teil von *Bild 5* ist die Struktur eines DNS-Moleküls abgebildet. Es sind jene Moleküle, die die Gene der Lebewesen bilden und in denen alle Informationen zur Herstellung der chemischen Stoffe und zum Aufbau des Körpers enthalten sind. Für den Menschen sind u. a. etwa 50 000 verschiedene *Proteine***, die hinsichtlich ihrer chemischen Struktur und des Herstellungsverfahrens genau beschrieben sein müssen, zu codieren. Unter vielen weiteren Angaben ist dies nur ein Bruchteil aller Information, der in den DNS-Molekülen sorgfältig gespeichert ist. In diesen DNS-Molekülen finden wir *die größte Informationsdichte* vor, *die es überhaupt gibt*. In Zahlen ausgedrückt sind dies $0{,}94 \cdot 10^{21}$ chemische Buchstaben pro Kubikzentimeter oder $1{,}88 \cdot 10^{21}$ bit/cm^3.

* **Bit** ist die Maßeinheit zur quantitativen Angabe des Informationsgehaltes. Die Anzahl der Bits ist identisch mit der Anzahl der Binärzeichen. In Datenverarbeitungsanlagen wird Information in Form von Signalen elektrischer, optischer oder mechanischer Art dargestellt und verarbeitet. Hierbei ist es technisch äußerst vorteilhaft und darum üblich, nur zwei definierte (binäre) Zustände bzw. Signale zu verwenden. Binär oder zweiwertig bezeichnet die Eigenschaft, genau eines von zwei Binärzeichen als Wert anzunehmen. Dabei wird der eine Zustand binär EINS (1) und der andere binär NULL (0) genannt. Auch JA und NEIN, RICHTIG und FALSCH, 12 V und 2 V können Paare von Binärzeichen sein. Gibt man einen Text in eine EDV-Anlage ein, so wird dieser entsprechend einem vorgegebenen Code in binärer Form abgespeichert. Die Speicherung eines Buchstabens geschieht in der Regel in Einheiten von 8 Binärstellen, die man *Byte* nennt. Der Informationsgehalt eines Textes ist dann mit der Anzahl der benötigten Bits beschrieben. Gleichlangen, aber unterschiedlichen Texten wird auf diese Weise der *gleiche* Informationsgehalt zugeschrieben. Sinn und Bedeutung der Information werden dabei *nicht* erfaßt. Die Anzahl der Bits mißt daher nur die statistische Informationsmenge, nicht aber ihre Bedeutungsschwere.

** **Proteine:** Grundbausteine der Lebewesen, die aus den 20 verschiedenen Aminosäuren aufgebaut sind. Sie sind die Funktionsträger im biologischen Organismus und sind neben den Nucleinsäuren (DNS, RNS) die wichtigsten Biopolymere und werden in Organismen durch Übersetzung (Translation) der genetischen Information der Gene in die Aminosäuresequenz gebildet.

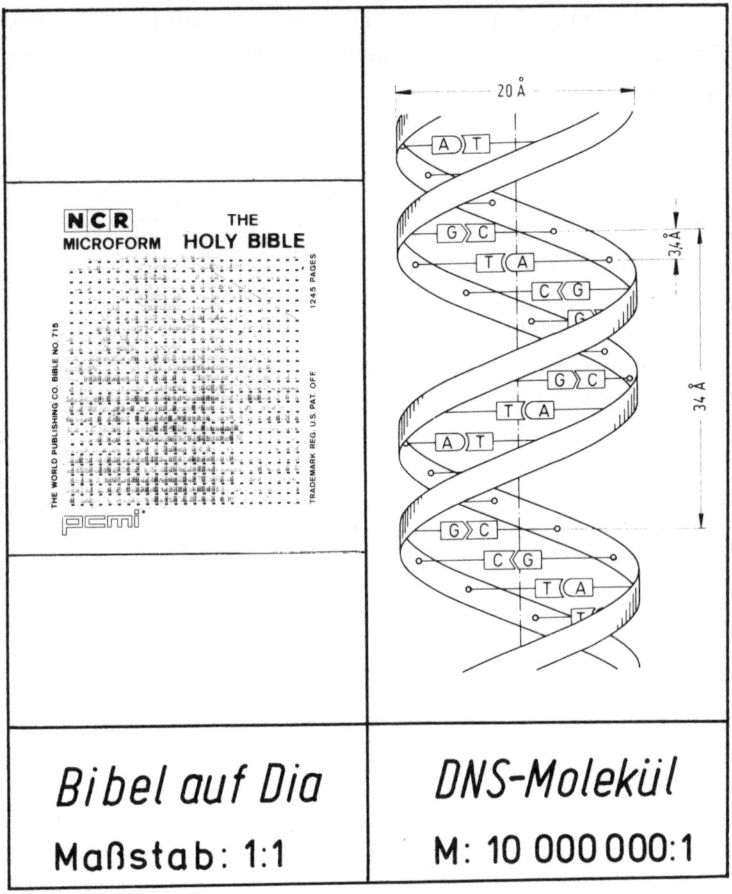

Bild 5: Zwei bemerkenswerte Informationsspeicher
links: Die kleinste Bibel der Welt auf einem Dia. Unter dem Mikroskop ist der Bibeltext, der auf einer Fläche von nur 32,5 x 34 mm^2 des Dias abgebildet ist, »gut« lesbar.

rechts: Doppelhelix des DNS-Moleküls. Auf einem Windungsgang von 34 Å = $34 \cdot 10^{-10}$ m befinden sich 10 chemische Buchstabenpaare (Nucleotide). Bei einem Durchmesser von $20 \cdot 10^{-10}$ m ergibt sich pro Gang das unvorstellbar geringe Volumen von nur 10^{-20} cm^3. Hier ist die physikalisch höchstmögliche Informationsdichte realisiert.

Setzt man diese Zahl in Relation zur Informationsdichte der o. g. Bibel auf dem Dia, so stellt sich heraus, daß in den DNS die Information

23 200 000 000 000mal (ca. 23 Billionen!)

dichter gespeichert ist. Hier haben wir es mit einem wahrhaften Wunder der Informationsspeicherung zu tun, das uns in Staunen versetzen kann. Hier begegnet uns ein Speicherverfahren, das bis an die Grenze des physikalisch Möglichen reicht, nämlich bis zum Molekül herunter. Niemand ist in der Lage, diese molekulare Speichertechnik des Schöpfers anzuwenden.

Wir wollen nun einen weiteren Vergleich vornehmen: Die *Kongreßbibliothek in Washington* gehört mit 14,8 Millionen Büchern und Broschüren zu den größten Bibliotheken der Welt. Würde man alle diese Bücher in *einem* Regal aufstellen, so müßte dieses 526 km lang sein. Das entspricht etwa der Entfernung von Köln nach Berlin. In diesem Regal befände sich dennoch nur ein Bruchteil von jener Information, die sämtliche in Büchern zusammengefaßte menschliche Weisheit ausmacht. Dieses »Gesamtwissen« entspricht derzeit etwa 10^{18} bit. Um einen weiteren Eindruck von der ungeheuren Speicherdichte in den DNS zu erhalten, wollen wir die Frage stellen, welches Volumen an DNS zur Speicherung dieser riesigen Informationsmenge erforderlich wäre.
Wir kommen durch einfache Rechnung auf

$$10^{18}\ \text{bit}/1{,}88 \cdot 10^{21}\ \text{bit/cm}^3 = 0{,}00053\ \text{cm}^3 = 0{,}53\ \text{mm}^3,$$

und das ist gerade **ein Hundertstel** des Volumens **eines Stecknadelkopfes!**

Vergleicht man die Informationsspeicherung in der Computertechnik mit der in der Schöpfung realisierten, so ergeben sich grundsätzliche Unterschiede. In den DNS-Molekülen haben wir es mit einer räumlichen Speichertechnik (dreidimensional!) zu tun, während alle technischen Speicherkonzepte nur zweidimensional (in der Ebene) angelegt sind. So kritisiert der deutsche

Erfinder *Konrad Zuse** (*1910) die moderne und anerkanntermaßen sehr leistungsfähige Mikroprozessortechnik doch zu Recht, wenn er sagt [89]: »Die heutige Mikromodul- und integrierte Schaltkreistechnik ist nur eine halbe Sache; sie erstreckt sich nur auf ebene Projekte.« Weiterhin ist die technische Miniaturisierungstechnik auf makroskopische Einheiten (sog. Chips) begrenzt, während der Schöpfer die kleinstmögliche Einheit anwendet: Das Molekül!

5.5.2 Meßtechniken höchster Präzision

In den exakten Naturwissenschaften und der Technik spielen Meßprozesse und ihre Genauigkeit eine zentrale Rolle. Trotz großer Erfolge konnte bisher noch kein Meßverfahren entwickelt werden, das bis an die physikalisch mögliche Grenze heranreicht. Die Genauigkeit eines jeden physikalisch-technischen Meßprozesses wird durch die zugehörigen Komponenten *Meßmethode, Meßprinzip* und *Meßdurchführung* beeinträchtigt, so daß die physikalisch beschreibbare Grenze doch nicht erreicht werden kann. In der Werkstatt des Schöpfers hingegen – insbesondere im Bereich der realisierten Sinnesorgane der Lebewesen – finden wir Meßsysteme, die ingenieurmäßig so ausgeklügelt und voller Ideen sind, daß sie bis an diese mögliche Grenze heranreichen, d. h.: Es gibt keine Verbesserung der »Patente« mehr! An einigen Beispielen wollen wir uns das verdeutlichen [3, 37, 38, 49, 65]:

a) Vibrationsmessungen: Die Fingerbeere des Menschen ist für Vibrationen so empfindlich, daß die Schwelle bei 1/10000 bis 1/100000 mm liegt. Bei manchen Insekten sind die kompliziert gebauten Sinneszellen für die Schwingungswahrnehmungen so empfindlich, daß sie noch auf Amplituden von der Hälfte eines

* *Konrad Zuse* hat als erster eine digitale programmgesteuerte Rechenmaschine entworfen und hergestellt. 1941 wurde von ihm die erste elektronische Rechenanlage der Welt mit der Bezeichnung Z3 in Betrieb genommen. *Zuse* gilt darum als der »Vater des Computers«. Unabhängig von *Zuses* Entwicklung wurde in Amerika 1944 eine noch größere Rechenmaschine gebaut.

hundertmillionstel Millimeters (0,000000005 mm!) reagieren. Die Schwelle für die Vibrationsempfindlichkeit mancher Insekten reicht bis hinab auf die Größenordnung von 25 Durchmessern des Wasserstoffatoms. Wie ist das physikalisch überhaupt möglich, da die Moleküle ständig Eigenbewegungen (thermisches Rauschen) ausführen, die nicht gemessen werden dürfen? Das Problem der Trennung der unregelmäßigen, statistischen Schwankungen von der Erschütterung des Bodens wird auf sehr geschickte Weise gelöst: Das Meßsignal wird zugleich auf mehreren parallelen Leitungen übertragen und am Empfangsort zusammengefaßt. Da die Störungen in jeder einzelnen Leitung unregelmäßig sind, löschen sie sich bei der Summation weitgehend aus, während das Nutzsignal stärker hervortritt.

b) Lichtmessungen: Einzelne Sehzellen sind so hochempfindlich, wie es physikalisch überhaupt möglich ist: Es genügt ein einzelnes Lichtquant – also die kleinste physikalische Einheit des Lichtes –, um eine elektrische Antwort der Sehzellen auszulösen. Durch eine äußerst raffinierte Konzeption wird gewährleistet, daß keine Täuschung durch das »Rauschen« möglich ist. Es ist weiterhin eine kaum faßbare Spitzenleistung, wie unser Gehirn aus den Nervensignalen des Auges eine bildhafte Vorstellung entwickelt. Optische Fehler (Randverzerrungen, verschwommene Konturen) werden durch das Gehirn so vollendet korrigiert, daß uns die Umwelt fotografisch makellos erscheint.

c) Geruchsmessungen: Die Männchen vieler Schmetterlinge verfügen über Sinnesorgane, die die physikalisch überhaupt mögliche maximale Empfindlichkeit aufweisen. Näher untersucht ist der **Seidenspinner** (lat. *Bombyx)*. Die Weibchen erzeugen einen Lockstoff, um die Männchen über viele Kilometer hinweg zu aktivieren. Der Lockstoff Bombykol ist eine relativ einfache organische Substanz, ein zweifach ungesättigter Alkohol mit 16 Kohlenstoffatomen, von der ein einziges Molekül genügt, um eine Riechzelle des Männchens zu erregen. Der Mechanismus ist vollendet auf hohe Empfindlichkeit konzipiert: 25000 Rezeptorstellen leiten die Information zum Zentralnervensystem, wobei 1600 Signale innerhalb von 0,86 s zu registrieren sind. Auch hier ist wieder das Übertragungssystem auf hohe Störunterdrückung hin gebaut.

Der **Aal** steht dem Seidenspinner an Riechvermögen nicht nach: Er riecht noch Konzentrationen von 2000 Molekülen des Stoffes (z. B. Phenyläthylalkohol, Menthol) im Kubikzentimeter Wasser. Die unvorstellbare Wahrnehmung wird erst durch einen Vergleich deutlich: Die Verdünnung von 1 cm^3 des genannten Alkohols in der 58fachen Menge des Bodenseewassers (Bodensee: ca. 49 Milliarden m^3) kann der Aal noch wahrnehmen.

Fast alle Tiere besitzen ein Informationssystem, um sich mit den Artgenossen zu verständigen. Das gilt für Einzelgänger, die zumindest die spezifischen Signale des Geschlechtspartners verstehen müssen. Bei Tieren, die in sozialen Verbänden leben, ist das innerartliche Verständigungssystem entsprechend vielgestaltiger und komplexer. Voraussetzung für die staunenswerte Organisation eines Insektenstaates ist ein perfektes Informationssystem. So lebenswichtige Tätigkeiten wie Futtersuche, soziale Futterverteilung, Brutaufzucht, Feindabwehr, Notalarm, Suche nach neuen Nistplätzen bedürfen eines Kommunikationskonzeptes, von Sender zu Empfänger, das auf allen Ebenen der Information [27] eindeutig arbeitet. Das ganze Spektrum mechanischer (akustische und taktile), optischer und chemischer Signale ist realisiert. Bei den Hautflüglern (lat. *Hymenoptera)* wie Bienen, Wespen und Ameisen spielen chemische Verständigungsmittel eine bedeutende Rolle. Chemische Substanzen, die *innerhalb* des Körpers zur Informationsübertragung dienen, nennt man **Hormone***. Im Gegensatz dazu heißen Stoffe, die von einem Individuum *nach außen* abgesondert werden und zur Verständigung mit Artgenossen dienen, **Pheromone****. Die Entschlüsselung der »chemischen Sprache« der Pheromone steht noch in ihren Anfängen. Die

* **Hormon** (griech. *hormān* = in Bewegung setzen, antreiben): körpereigener, von den Drüsen mit innerer Sekretion gebildeter und ins Blut abgegebener Wirkstoff, der biochemisch-physiologische Abläufe steuert und koordiniert.

** **Pheromon** (griech. *phérein* = tragen): 1959 von *Karlson* und *Lüscher* geprägter Ausdruck für interindividuelle Botenstoffe, die an die Umgebung abgegeben werden. Die Parfüme der Frauen könnte man als künstliche Pheromone bezeichnen.

Erforschung wird deswegen so erschwert, weil diese Informationssysteme der Insekten so hervorragend durchkonstruiert sind, daß nur verschwindend winzige Stoffmengen für die biochemische Codierung ausreichen. Ein einzelnes Insekt verfügt nur über wenige Milliardstel Gramm Pheromongemisch. So hat *W. Franke* festgestellt, daß bereits ein Nanogramm (= 0,000000001 g!) ausreichen würde, um eine für Ameisen wahrnehmbare Spur von 1000 m Länge zu markieren.

d) Schallmessung: Das menschliche Ohr (siehe *Bild 6)* ist ein äußerst optimal konstruiertes Meßsystem, dessen Empfindlichkeit ebenfalls bis an die physikalische Grenze heranreicht. Schallwellen sind Druckwellen. Die Größe des von Schallwellen ausgeübten Drucks ist sehr gering. Ein gerade eben hörbarer Ton von 1000 Hz besitzt einen Schalldruck von $2 \cdot 10^{-5}$ N/m^2. Für die gleiche Frequenz liegt die Schmerzgrenze des Ohres bei etwa dem Sechsmillionenfachen des Schwellenschalldrucks. Der Arbeitsbereich unseres Hörorgans umfaßt gemäß *Bild 7* mehrere Zehnerpotenzen.

Bei der Hörgrenze des menschlichen Ohres beträgt diese minimale Schwingungsweite des Trommelfells wegen des geringen Schalldruckes nur 10^{-9} cm [75]. Um uns eine Vorstellung von dieser extremen Empfindlichkeit zu machen, müssen wir zu einem ungewöhnlichen Gleichnis greifen: Vergrößert man die Körperlänge des Menschen um den Faktor $2 \cdot 10^8$, so erhält man die Entfernung Erde-Mond. Erst in dieser Maßstabsvergrößerung würde die o.g. Amplitude der Trommelfellauslenkung 2 mm betragen.

Bei dem Übertragungssystem von Luftschall (Trommelfell) zu Flüssigkeitsschall (flüssigkeitsgefüllte Schnecke) findet bei dieser Signalwandlung gleichzeitig eine 20fache Verstärkung statt. In der Schnecke befinden sich die Meßgeber (Rezeptoren); das sind beim Menschen etwa 15000 Haarzellen, die die Schallwellen der verschiedenen Frequenzen erfassen. Die Haarzellen sitzen in geordneten Reihen auf der Basilarmembran, einer dünnen Scheidewand, die sich durch die gesamte Schnecke zieht und jeder ihrer Windungen folgt. Dort wird ein ankommendes Klangbild in seine einzelnen Frequenzen zerlegt, die jede für sich nur einen kleinen

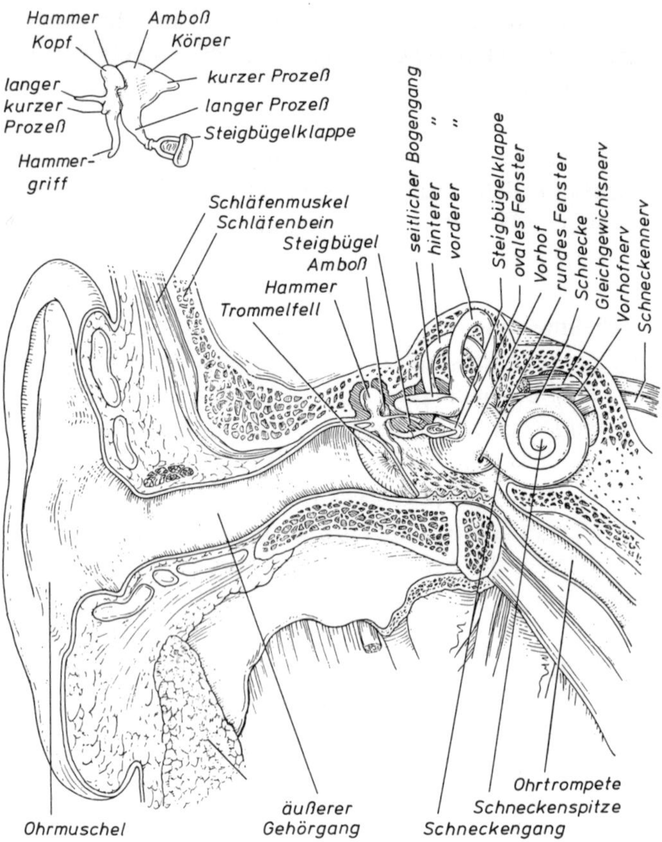

Bild 6: Bauplan des menschlichen Ohres (Ps 94,9).
Der Weg der Schallschwingungen führt durch den äußeren Gehörgang über Trommelfell, Hammer, Amboß und Steigbügel durch das ovale Fenster in die flüssigkeitsgefüllte Schnecke. Das runde Fenster besorgt den Druckausgleich zwischen Schnecke und luftgefülltem Mittelohr. Die drei Bogengänge gehören zum Gleichgewichtsorgan. Das Organ der Gehörempfindung ist die aus 2½ Windungen bestehende Schnecke. Der Schnekkengang enthält das Cortische Organ, in das etwa 16000 Hörzellen mit Sinneshaaren (Haarzellen) eingelassen sind. Von der Schnecke läuft ein dickes Kabel Hörnerven zum Gehirn.

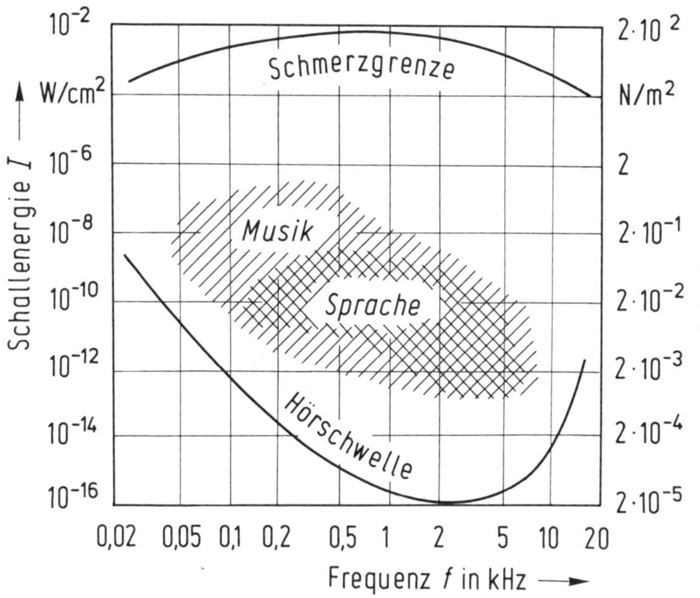

Bild 7: Hörbereich des normal hörenden menschlichen Ohres. Für verschiedene Frequenzen besitzt das Ohr unterschiedliche Empfindlichkeiten (Kurvenverlauf der Hörschwelle). Im Bereich von 1 bis 5 kHz ist die Empfindlichkeit am größten; hier können noch Schalldrücke von nur $2 \cdot 10^{-5}$ N/m² wahrgenommen werden, und das entspricht einer Schallintensität I bzw. Schallenergie von 10^{-16} W/cm². Eingezeichnet ist der Intensitäts- und Frequenzbereich für Sprache und Musik. Die maximale Hörspanne liegt bei ca. 2 kHz und umfaßt den unvorstellbaren Bereich von 13 Zehnerpotenzen bezüglich der Schallenergie.

Bruchteil der 15000 Sinneszellen an einer bestimmten Stelle längs der Basilarmembran erregen. Die Funktionsweise der Schnecke ist hochkompliziert und bis heute noch nicht völlig verstanden in ihrer genialen Konstruktion.

Es ist kein technisches Meßgerät bekannt, das einen so weiten Bereich ohne Meßbereichsumschaltung umfaßt. Lautstärke, zeitlicher Ablauf und Frequenzzusammensetzung sind die Eigenschaften eines Schallereignisses, die uns über sein Wesen und seinen Ursprung informieren. Weiterhin ist die Richtung aus der das Schallereignis kommt, von Bedeutung. Das Problem der Lokalisierung des Ursprungs wird durch das Hören mit zwei Ohren gelöst. Für die Ortung einer Schallquelle sind zwei Faktoren wesentlich: die unterschiedliche Intensität und die Laufzeitdifferenz. Das von der Schallquelle abgewandte Ohr hört das Schallereignis etwas leiser und etwas später als das der Schallquelle zugewandte Ohr. Auch die Abschätzung der Entfernung von der Schallquelle wird durch Messen des relativen Lautstärkeunterschiedes zwischen beiden Ohren ermittelt. Diese Zeit- und Lautstärkeunterschiede sind zwar sehr klein, sie werden dennoch von den zentralen Hörbahnen so ausgewertet, daß ein Richtungseindruck zustandekommt. Die Meßapparatur arbeitet so präzise, daß der Zeitunterschied eines Tones, der am linken Ohr nur 0,00003 Sekunden früher eintrifft als am rechten, noch deutlich zu spüren ist.

5.5.3 Technisch unerreichte Beherrschung der Aerodynamik: Der Vogelflug

Der Vogelflug wie auch das Fliegen der Insekten ist wohl die faszinierendste Fortbewegungsart, die wir kennen. Nähere Einzelheiten dieser Technik können uns nur staunen lassen. Vögel bewegen sich schneller und mit größerer Ausdauer als jedes andere Tier. Vögel leben von Pol zu Pol, in Höhlen, im Meer, im Hochgebirge, in Wüsten und Wäldern. Mit nur wenigen Gramm Fett überqueren sie Meere und Wüsten. Verglichen mit ihrem ungeheuer niedrigen Energieverbrauch vollbringen manche Vögel spektakuläre Leistungen. So sind besonders die *Rubinkehlko-*

libris [60] zu nennen, die mit ihren 4 g Körpergewicht zu den kleinsten Vögeln überhaupt gehören. Sie leben im östlichen Nordamerika und überwintern in Mittelamerika. Beim Flug über den Golf von Mexiko vollbringen sie die frappierendsten Flugleistungen: Nonstop legen sie weder gleitend noch segelnd, sondern aus eigener Kraft diese 800 km zurück. Bei einer Flügelschlagfrequenz von 50 Schlägen pro Sekunde sind das bei dem 18-Stunden-Flug nicht weniger als 3,24 Millionen Flügelschläge ohne Unterbrechung. Zugvögel legen sich vor dem Start einen Fettvorrat als »Treibstoff« an, der bis zu 50 Prozent des Körpergewichtes ausmacht. Für den Rubinkehlkolibri ist das, absolut betrachtet, verschwindend wenig: *Knapp zwei Gramm!* Die energetische Optimierung ist hier vollendet. Auch unsere einheimischen Zugvögel vollbringen Erstaunliches: Die Trans-Sahara-Route wird von unseren ganz gewöhnlichen Kleinvögeln in zwei Tage dauerndem Nonstopflug bei äußerster Energiesparsamkeit bewältigt.

Vögel finden zielsicher über Tausende von Kilometern ihren Brutplatz wieder. Sie vollführen blitzschnelle Wendungen und fliegen selbst in mehreren tausend Metern Höhe und bei stärksten Winden. Um das alles leisten zu können, brauchen sie einige perfekte Konzeptionen: hervorragend funktionierende Sinnesorgane, einen Flugapparat, der aerodynamisch ausgeklügelt sein muß, äußerst leistungsstarke Muskeln, einen effektiven Stoffwechsel und eine auf Leichtbauweise abgestimmte Konstruktion. Der Braunschweiger Professor für Ethologie und Ökologie *G. Rüppell* schreibt [70]: »Für einen Konstrukteur, der die Aufgabe hätte, eine Maschine nach dem Grundbauplan der Vögel nachzubauen, würden sich unlösbare Probleme ergeben.« Den Vogelhals bezeichnet er als Wunderkonstruktion: »Schauen wir uns nach technischen Apparaten um, die alle diese Voraussetzungen erfüllen – wir werden feststellen, daß es sie nicht gibt.« Hochgradig komplex ist das Informationsübertragungssystem, bei dem Flügeldynamik und Gehirn genauestens aufeinander abgestimmt sein müssen. *Rüppell* bemerkt dazu:

> »Von Meßfühlern in den Muskeln und Gelenken werden pausenlos Stellung und Spannung analysiert und dem Zentralen Nervensystem gemeldet. Befehle für diffizile

Muskelbewegungen, Flügeldrehungen oder Federspreizen treffen ein: ein dauernder vielkanaliger fehlerfreier Funkverkehr, immer auf der gleichen Welle. Nur ein solches nachrichtentechnisches Wunderwerk wie das der tierischen Nerven kann die verwirrenden und atemberaubenden Flugmanöver steuern.«

Unglaublich durchkonstruiert ist der Bau des Vogelgefieders. Bei einer Taubenschwungfeder gehen von jeder Seite des Schaftes etwa 500 Äste ab, von denen jeder wiederum etwa 550 Strahlen trägt. Für nur eine einzige Feder ergibt das bereits die gigantische Zahl von 275 000 Strahlen! Möwen haben etwa 6 000, Enten 12 000 und Schwäne 25 000 Einzelfedern. Zahlreiche Eigenschaften werden gefordert: fest, leicht, biegsam, pflegeleicht, polsternd, wärmeisolierend, wasserabstoßend, aerodynamisch optimale Form und sie müssen erneuert werden können. Bei den ca. 9 000 verschiedenen Vogelarten hat jede das ihr eigentümliche Gefieder mit unterschiedlichen Flügelformen und -wölbungen. Es gibt schmale, eineinhalb Meter lange Schwertformen, breit rechtekkige Bretter, spitz aufgefranst an einer Seite, runde Schaufeln mit großen krallenförmigen Fingern, Sicheln usw. – den genormten Vogelflügel gibt es nicht. Jeder ist bestens für seine Aufgabe konstruiert: vom Kolibri bis zum Adler und vom Mauersegler bis zur Lachmöwe. Strömungsforscher stehen vor gewaltigen Schwierigkeiten, wollten sie die Konsequenzen der Flügelveränderungen – Form und Stellung der Flügel werden in den dauernd wechselnden Luftströmungen verändert – erforschen. Das Nachdenken der Gedanken Gottes ist hier besonders schwer.

Der Schreiber des Hebräerbriefes sagt: »Die Zeit würde mir zu kurz, wenn ich sollte erzählen von ...« (Hebr 11,32). In derselben Lage befinden wir uns, wenn wir von den Wunderwerken der Schöpfung erzählen, von den Werken, die durch die Weisheit Gottes gemacht sind. Nachdem wir einige Details aus der Schöpferwerkstatt betrachtet haben, geht es uns wie dem Psalmisten, der nur noch anbetend vor dem Schöpfer dastehen kann:

Psalm 66,3: »Wie wunderbar sind deine Werke!«
Psalm 104,24: »Herr, wie sind deine Werke so groß und viel!«

In Psalm 104, der ein Lobpreis Gottes aus den Werken der Schöpfung ist, heißt es in Vers 31: »Der Herr hat Wohlgefallen an seinen Werken«. So ist unser Handeln nur konsequent, wenn wir mit dem Psalmisten den Schöpfer preisen: »Ich will dem Herrn singen mein Leben lang und meinen Gott loben, solange ich bin« (Ps 104,33).

5.6 Schöpfungsmethode: Durch Wille

Manche Zeitgenossen haben sich derart in das Gedankengebäude *Darwins* verliebt, daß sie in anbetender Verehrung davor stehen. So schreibt der Nobelpreisträger und Verhaltensforscher *Konrad Lorenz* [51]:

> »Vor ungefähr hundert Jahren hat *Charles Darwin* mit genialem Seherblick die Tatsache des stammesgeschichtlichen Gewordenseins aller Lebewesen erschaut. Darin liegt indessen weder seine ganze Größe noch steht er allein darin. Die schier unglaubliche Großtat *Darwins* ist es vielmehr, daß er die Verursachung des Artenwandels erkannte ... Je älter ich werde, desto mehr festigt sich in mir die Überzeugung, daß jede einzelne bedeutsame Einzelheit von Struktur und Verhalten aus den von *Charles Darwin* entdeckten Vorgängen zu erklären ist. Darwin und nicht *Goethe* ist mein Geistesheros.«

Dr. *F. M. Wuketits* hat sich mit der Kausalitätsfrage der Evolution befaßt. In der Einleitung seines Buches [88] macht er eine Voraussetzung: »Wir setzen die prinzipielle Richtigkeit der biologischen Evolutionstheorie voraus, ja wir setzen voraus, daß die Evolutionslehre universelle Gültigkeit hat.« Welche Bedeutung hat seine »evolutionäre Erkenntnistheorie«, wenn er dann als Folgerung aus der obigen Voraussetzung zu dem Satz kommt: »Es gibt also kein vorgegebenes Ziel, weil die Evolution ... sich ihre Gesetze selbst geschaffen hat und sie immer noch schafft. Es gibt keinen planenden Geist, weil sich die Evolution selbst plant und sich ihre Gesetze selbst schafft.«? Nun, schlicht gesagt: überhaupt keine! Wir haben es hier mit einem *Zirkelschluß* zu tun, einem fehlerhaften Denken, bei dem die Voraussetzung das gewünschte Ergebnis bereits enthält.

Ist es zu hart, wenn der bekannte irische Schriftsteller *C. S. Lewis* feststellt: »Alles, was gemacht ist, erscheint dem verfinsterten Geist ohne Plan.«? Schauen wir uns das Urteil der Bibel an, so finden wir auch hier Entschiedenheit: »Herr, wie sind deine Werke so groß! Deine Gedanken sind sehr tief. Ein Törichter glaubt das nicht, und ein Narr achtet solches nicht« (Ps 92,6–7).

Die von der Evolutionslehre immer wieder heraufbeschworene Plan- und Ziellosigkeit bei der Lebensentstehung erweist sich im Zeugnis der Bibel als lügenhafte Rede. Gott teilt uns mit, daß die Welt und alles Leben **seinem Willen** entspringen. Die Schöpfung beruht auf dem Willen Gottes: Er hatte die Idee dazu, er hat geplant und konzipiert, und er hat alles ausgeführt. Neben zahlreichen anderen Textstellen hebt Offenbarung 4,11 besonders deutlich die Schöpfungsmethode »durch Wille« hervor: »Herr, unser Gott, du bist würdig, zu nehmen Preis und Ehre und Kraft; denn du hast alle Dinge geschaffen, und **durch deinen Willen** haben sie das Wesen und sind geschaffen.«

5.7 Methoden der Schöpfung und der Evolution im Vergleich

Wir haben verschiedene Prinzipien der Schöpfungsmethodik kennengelernt und ebenso erkannt, daß Gott alles durch seinen Sohn JESUS CHRISTUS geschaffen hat. Wenn JESUS der Schöpfer ist, hat er alles nach seiner ihm eigenen Wesensart gemacht. An den Stichworten Kraft, Wort, Weisheit haben wir das sehen können. Die Wesensart JESU hat sich nie geändert. Er ist immer derselbe: Gestern, heute und in Ewigkeit (Hebr 13,8). Von ihm kann gesagt werden: Er ist A und O, Anfang und Ende, Ursprung und Ziel (Offb 1,8). An der unveränderlichen Art JESU erkannten ihn die Emmaus-Jünger (Lk 24,35), und nach seiner unveränderlichen Art hat er die Schöpfung zubereitet. Die Wesens- und Charakterzüge JESU werden uns im Neuen, aber auch

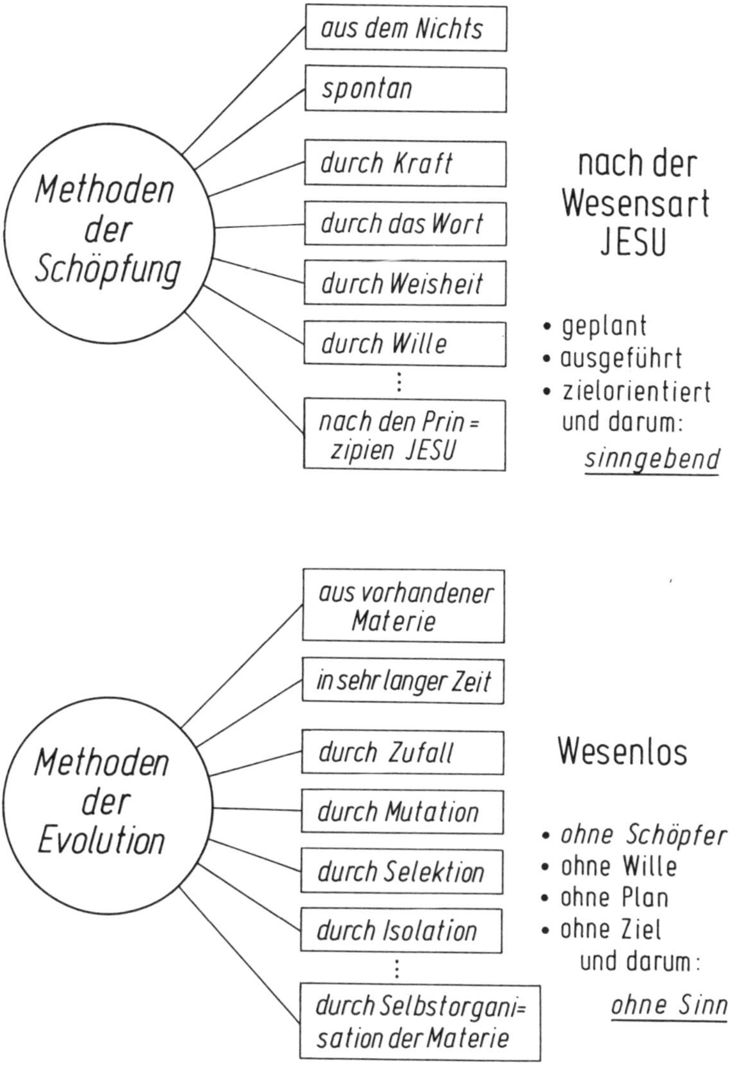

Bild 8: Vergleich der Methoden von Schöpfung und Evolution.

im Alten Testament deutlich offenbart. Er ist der **Friedefürst** (Jes 9,5) und sagt von sich »Ich bin **sanftmütig** und . . .**demütig«** (Mt 11,29). Als er einer grölenden Volksmenge ausgeliefert war, konnte er für sie Vergebung erbitten, und als er gestraft und gemartert wurde, blieb er still wie ein Lamm, das zur Schlachtbank geführt wird. Darum ist er das »Lamm Gottes« (Joh 1,29; Offb 5,12). Wenn der Darwinismus als Methodik *»the survival of the fittest«* nennt, d.h. der am besten Angepaßte setzt sich durch, der Stärkere gewinnt im Kampf ums Dasein, das Schwache wird ausgemerzt, dann ist damit ein Prinzip postuliert, das dem Wesen JESU als Schöpfer völlig widerspricht. Wenn in der heutigen Welt der Löwe das Lamm reißt und die Otter mit Gift beißt, dann ist zu beachten, daß diese Situation eine Folge des Sündenfalls ist. Im Tausendjährigen Friedensreich wird die ursprünglich geschaffene Situation wieder hergestellt (Jes 11,6–8) werden.

Bild 8 zeigt noch einmal in der Gegenüberstellung die unvereinbaren Methoden von Schöpfung und Evolution. Christen sollten hier eine klare Position beziehen und nicht von vergifteten Brunnen trinken.

6. Der zweite Schöpfungstag und die Sintflut

Ordnet man die sechs Schöpfungstage paarweise an, wie dies in *Tabelle 3* geschehen ist, so fällt eine bemerkenswerte Symmetrie auf:

- An den Schöpfungstagen 1 bis 3 (linke Spalte) werden verschiedene Räume geschaffen, die zur Aufnahme der Schöpfungen der Tage 4 bis 6 (rechte Spalte) dienen.
- In der zweiten und dritten Zeile werden jeweils zwei Schöpfungshandlungen pro Tag ausgeführt.

Die dreizeilige Zuordnung je zweier Tage wollen wir kurz erläutern:

Zeile 1 (Tage 1 und 4): Am **ersten Tag** wurden das noch gestirnlose Universum und darin allein die Erde geschaffen. Der Erde wird schon dadurch ihre zentrale Rolle zugeteilt, die ihr noch zukommen soll. Der Mittelpunktscharakter der Erde bezieht sich – entgegen mittelalterlicher Auffassungen – weder auf ihre geometrischen Abmessungen noch auf ihre Lage im Raum oder ihre Relation zu anderen Gestirnen, sondern ist einzig von ihrer von Gott zugewiesenen Bedeutung her zu verstehen. Mit der Schaffung der Erde ist jener Raum vorgegeben, der im folgenden für das Leben und insbesondere für den Menschen zubereitet wird. Das Universum ist bis auf die Erde noch ohne Gestirne, aber der Raum dafür ist erstellt. Da noch keine Lichtträger vorhanden sind, »hieß Gott das Licht aus der Finsternis hervorleuchten« (2 Kor 4,6). Am **vierten Tag** wird das Licht des ersten Tages durch astronomische Lichtträger ersetzt. Der geschaffene Raum des Universums erhält mit unzählbaren Gestirnen sein astronomisches Gefüge. Die Sonne und der Mond spielen darin für die Erde eine herausragende Rolle.

Zeile 2 (Tage 2 und 5): Am **zweiten Tag** wird zuerst der Luftraum der Erde geschaffen und dann eine Wassertrennung vorgenommen, wobei ein Teil des Wassers auf der Erde bleibt und ein anderer empor gefördert wird. Damit sind zwei Lebensräume gegeben, die am **fünften Tag** entsprechenden Lebewesen als Aktionsräume zugewiesen werden: Den Wassertieren das Wasser auf der Erde und den fliegenden Tieren der Luftraum.

Zeile 3 (Tage 3 und 6): Am **dritten Tag** findet noch einmal eine Wasserscheidung statt. Nun aber geht es nur um den auf der Erdoberfläche verbleibenden Rest: Das Wasser erhält seine besonderen Gebiete (Meer), und das Land als Trockenes tritt deutlich als ein neuer Lebensraum hervor. Am **sechsten Tag** werden dem Erdreich die Landtiere zugewiesen, und auch der Mensch, das Ziel der Schöpfung, erhält seinen Platz. Da nach der Schöpfungsordnung Gottes die ersten Menschen in einem üppigen Pflanzengarten lebten, gilt auch für die Pflanzen und den Menschen die dargelegte Zuordnungssymmetrie »Raum – Rauminhalt«.

1. Tag V.1-5	Himmel und Erde (Universum, Erde) Licht	Lichtträger: Sonne, Mond, Sterne	4. Tag V.14-19
2. Tag V.6-8	a) Luftraum b) Wasserscheidung: unterhalb der Luftschicht / oberhalb der Luftschicht	a) Wassertiere Gewimmel lebendiger Wesen b) Lufttiere Geflügeltes: Vögel, Insekten, Fledermäuse,	5. Tag V.20-23
3. Tag V.9-13	a) Wasserscheidung: Trockenes / Meer b) Pflanzen: Gras / samensäendes Kraut / Fruchtbäume	a) Landtiere: Vieh / Gewürm / Feldtiere b) MENSCH 1. Adam, 2. Eva	6. Tag V.24-31
7. Tag	Ruhetag		

Tabelle 3: Übersicht der Schöpfungstage mit den Schöpfungswerken nach 1. Mose 1.

Nach dieser skizzenhaften Schilderung der sechs Schöpfungstage wollen wir uns im folgenden mit dem zweiten Schöpfungstag etwas eingehender befassen. Das richtige Verstehen der Werke dieses Tages wird sich als grundlegender Ausgangspunkt für das naturwissenschaftliche Verständnis unserer heutigen Erde herausstellen.

6.1 Die Bedeutung zweier hebräischer Wörter: »raqia« und »schamajim«

Zum Verständnis des Schöpfungsberichtes überhaupt und insbesondere des zweiten Schöpfungstages sind die Bedeutungen zweier hebräischer Wörter grundlegend: *»raqia«* und *»schamajim«*.

Die älteste griechische Übersetzung des Alten Testaments stammt von Gelehrten aus Alexandria (3. Jahrh. v. Chr.) und ist als *Septuaginta (LXX)* bekanntgeworden. In dieser Fassung wurde das hebräische Wort »raqia« mit »stereoma« (= Stärke, Festigkeit) wiedergegeben. Dieses Wort leitet sich von »stereos« (= starr, hart, fest, straff, massiv) ab und trifft keineswegs die Bedeutung von »raqia«. Insbesondere an jenen Schriftstellen, wo kosmologische Fragen behandelt werden, haben wir zu prüfen, ob beim Übersetzen zeitbedingte Vorstellungen des antiken Weltbildes mit eingeflossen sind und zu einer Sinnveränderung des von Gott autorisierten hebräischen Grundtextes geführt haben. Auch die in den ersten christlichen Jahrhunderten erstellte Übersetzung ins Lateinische *(Vulgata)* übernahm diesen gravierenden Fehler, indem sie das Wort »firmamentum« einsetzte. Die damit verbundene Vorstellung von einem »harten, starren, glockenförmigen Gewölbe« über unserer Erde, an das die Gestirne geheftet sind, hat die christliche Exegese nachteilig beeinflußt. Spätere deutsche Übersetzungen, die durch die *Vulgata* beeinflußt sind und »raqia« mit »Feste« oder »Firmament« übersetzen, sind an dieser Stelle ebenso unzutreffend wie irreführend. So zeigt z. B. der Holzschnitt um 1530 *(Bild 9)* zu einer Kölner Bibel sehr anschaulich die Frucht der falschen Übersetzung nur eines Wortes. Von Gegnern des Christentums und der Bibel wird dieser Übersetzungsfehler

Bild 9: Holzschnitt um 1530 mit der Unterschrift »Durchbruch des Menschen durch das Himmelsgewölbe und Erkenntnis der Sphären«. Die Darstellung gibt nicht das biblische Weltbild wieder, sondern eine Vorstellung, die auf einer falschen Übersetzung beruht.

(Aus: Zeitschrift *»factum«*, Heft 3/4, [1980])

immer wieder dazu benutzt, der Bibel zu unterstellen, sie lehre ein falsches Weltbild.

Um den wahren biblischen Sinn von »raqia« zu ermitteln, muß man die konkordante Bedeutung herausfinden, d.h. andere Textstellen mit diesem Wort oder davon abgeleiteten Wörtern sind mit einzubeziehen, aus denen der Sinn eindeutig hervorgeht. Das Wort leitet sich von dem Verb »raqa« ab, das »stampfen« (Hes 6,11; Hes 25,6; 2 Sam 22,43) oder »ausbreiten« (Ps 136,6; Jes 42,5; Jes 44,24; Hi 37,18) bedeutet. In Jesaja 42,5 (E) heißt es: »So spricht Gott, Jehova, der die Himmel schuf und sie **ausspannte.«** Nimmt man alle Textstellen zusammen, die das Verb »raqa« enthalten, so wird es immer im Sinne des Ausbreitens oder Ausdehnens einer dünnen Schicht oder für das dünne Ausbreiten eines Gegenstandes durch Stampfen verwendet. Für das Substantiv »raqia« ist somit sinngemäß zu übersetzen: dünne Ausgedehntheit, Ausdehnung, Ausspannung oder Ausbreitung. Durch »raqia« wird also ein sphärischer Bereich gekennzeichnet, ohne etwas über seine geometrische Form auszusagen. In der sehr grundtextnahen *Elberfelder Bibel* wird »raqia« mit »Ausdehnung« übersetzt. Aus dem Textzusammenhang heraus ist jeweils zu entscheiden, um welche Art der Ausdehnung es sich handelt.

Das zweite wichtige Wort ist das hebräische »schamajim«, das im Deutschen mit »Himmel« übersetzt ist. Im Hebräischen wie im Deutschen ist »Himmel« sprachlich ein *polysemes** Wort, d.h., ein und dasselbe Wort hat sehr unterschiedliche Bedeutungen. Immer meint es einen bestimmten Raum. Die folgenden drei Sätze sollen uns das verdeutlichen:

(1) Der Himmel ist bewölkt.
(2) Am Himmel sehen wir den Polarstern.
(3) Unser Vater in dem Himmel.

Im ersten Fall (1) ist mit Himmel der Lufthimmel gemeint, den wir auch mit anderen Worten bezeichnen: *Atmosphäre, Luft-*

* **Polysemie** (griech., *polys* = viel, *semasia* = Bezeichnung) ist der sprachwissenschaftliche Fachbegriff für die Mehrdeutigkeit eines Wortes.

schicht, Luftraum oder *Lufthülle.* Im zweiten Falle (2) handelt es sich um den Sternenhimmel, also den astronomischen Himmel. Fall (3) meint die unsichtbare Welt Gottes, die Wohnstatt der Engel und den Bestimmungsort der Christen. Im Englischen gibt es zwei unterschiedliche Wörter: »sky« (Lufthimmel, astronomischer Himmel) und »heaven« (der Himmel Gottes). Im Hebräischen bezeichnet »schamajim« (griech. *ouranos)* einen Raum, der sich von unserem menschlichen Standpunkt aus »oben« befindet. Für vier verschiedene Sphären wird das Wort verwendet:

1. Universum: Für das griechische Wort »kosmos« (Kosmos, Weltall, Universum) gibt es im Hebräischen zunächst keine Entsprechung. Die Wortkombination »Himmel und Erde« (1 Mo 1,1) wird für Universum verwendet. Auch in Matthäus 24,35 gebraucht JESUS diese Wortkombination, um die Vergänglichkeit des Universums (nicht des Himmels Gottes!) anzusagen. Bei *Jeremia* wird erstmals ein eigenständiges Wort für das All (hebr. *hakkol)* verwendet: »Denn er ist es, der das All gebildet hat« (Jer 10,16; E).

2. Lufthimmel: Hiermit ist jener Luftraum gemeint, in dem sich die Vögel bewegen: ». . . der Weg des Adlers am Himmel« (Spr 30,19). Im Schöpfungsbericht (V. 20) heißt es: ». . . und Gevögel fliege über der Erde angesichts der Ausdehnung (raqia) des Himmels (schamajim).« Es ist hier die Region der Wolken und Winde, also der irdischen Atmosphäre gemeint.

3. Sternenhimmel: Es ist jener Bereich der astronomischen Objekte, von dem es im Schöpfungsbericht (V. 15) heißt: ». . . und sie seien zu Lichtern an der Ausdehnung (raqia) des Himmels (schamajim), um auf die Erde zu leuchten.« In diesem Fall handelt es sich um den astronomischen Himmel.

4. Wohnstatt Gottes: Der Himmel als Wohnort Gottes (Ps 2,4; Ps 14,2; Jes 63,15) sprengt unsere räumlichen Vorstellungen, denn Gott wohnt in einem Licht, da niemand zukommt (1 Tim 6,16). In Nehemia 9,6 (E) sind verschiedene Himmel in einem Vers genannt:

»Du bist, der da ist, Jehova, du allein;
du hast die Himmel gemacht,
der Himmel Himmel und all ihr Heer *(Sterne),*
die Erde und alles was darauf ist,
die Meere und alles was in ihnen ist.
Und du machst dies alles lebendig,
und das Heer des Himmels *(Engel)* betet dich an.«

6.2 Der zweite Schöpfungstag

Den biblischen Text des zweiten Schöpfungstages (1 Mo 1,6–8) wollen wir nach zwei verschiedenen Übersetzungen angeben, die sich besonders um die Genauigkeit zum hebräischen Grundtext bemühen:

Elberfelder Übersetzung:

»Und Gott sprach: Es werde eine Ausdehnung *(raqia)* inmitten der Wasser, und sie scheide die Wasser von den Wassern! Und Gott machte die Ausdehnung und schied die Wasser, welche unterhalb der Ausdehnung, von den Wassern, die oberhalb der Ausdehnung sind. Und es ward also. Und Gott nannte die Ausdehnung Himmel *(schamajim).* Und es ward Abend, und es ward Morgen: zweiter Tag.«

Konkordante Übersetzung:

»Und es sagt Alueim: ›Es werde eine Luftschicht *(raqia)* in der Mitte des Wassers, und es werde eine Scheidung zwischen Wasser und Wasser.‹ Und es wird also. Und es macht Alueim die Luftschicht. Und er scheidet zwischen dem Wasser, das da ist unter der Luftschicht und dem Wasser, das da ist über der Luftschicht. Und es nennt Alueim die Luftschicht die Himmel *(schamajim).* Und es sieht Alueim, daß es gut ist. Und es wird Abend, und es wird Morgen, zweiter Tag.«

Auf Grund der im vorigen Abschnitt (6.1) durchgeführten Betrachtungen über die Wörter *raqia* und *schamajim* sind wir nun in der Lage, ihre Bedeutungen aus dem Textzusammenhang zu verstehen. Mit der Schaffung der Ausdehnung ist hier der Lufthimmel gemeint, für den wir im folgenden auch die Wörter Atmosphäre, Luftschicht, Luftraum oder Lufthülle verwenden können.

6.2.1 Das Schöpfungswerk des zweiten Tages

Zwei Tätigkeiten Gottes sind am zweiten Schöpfungstag deutlich zu unterscheiden:

»Gott machte die Ausdehnung«: Gott bereitet eine Atmosphäre, einen Luftraum oder den Lufthimmel, der den fliegenden Tieren als Lebens- und Aktionsraum zugewiesen wird.

»Gott schied die Wasser«: Die großen vorhandenen Wassermengen auf der Erde werden in zwei Anteile aufgeteilt. Der eine Teil bleibt auf der Erde zurück und der andere wird nach oben befördert, so daß nachher diese beiden Wassermassen klar voneinander getrennt sind. Zwischen ihnen befindet sich die Atmosphäre als scheidende Zwischenschicht. Diese Wasserscheide darf nicht mit derjenigen des dritten Schöpfungstages verwechselt werden, denn da wird das auf der Erde verbliebene Wasser an bestimmten Plätzen gesammelt (Meer), um es von dem Trockenen (Land) zu trennen. Nach dem Schöpfungshandeln Gottes am zweiten Tag gibt es zwei Wasserreservoire, die sich durch ihre Aufenthaltsorte deutlich voneinander unterscheiden:

- *»unterhalb der Ausdehnung«* (= unterhalb der Luftschicht, d. h. auf der Erde),
- *»oberhalb der Ausdehnung«* (= oberhalb der Luftschicht).

Es wird keine Aussage darüber gemacht, wie groß die prozentualen Anteile dieser Wassermassen sind. Wir erfahren zwar nicht, ob es gleiche Mengen sind oder welches der beiden Reservoire größer ist, jedoch wird eines aus dem Handeln Gottes deutlich: Beide Wassermengen sind beträchtlich groß, d. h. auch diejenige »oberhalb der Ausdehnung« muß eine riesige, gegenüber der anderen nicht zu vernachlässigende Wassermenge darstellen, denn sonst wäre für diesen Schöpfungsakt nicht ein extra Tag angesetzt. Die ausdrückliche Erwähnung dieser »oberen« Wassermenge zeigt an, daß uns hier etwas sehr Bedeutsames mitgeteilt wird, denn ohne diese wichtige Information bleiben uns manche biblisch berichteten späteren Geschehnisse unverständlich. Wie wollten wir uns sonst den 40tägigen ununterbrochenen und weltweiten Regen während der Sintflut aus den heutigen atmosphärischen Bedingungen erklären? Man könnte zunächst auf den Gedanken kommen, dies sei das Wasser der Wolken oder

der in der Luft auch immer enthaltene Wasserdampf. Aber auch bei vollständiger Sättigung kann 1 kg Luft bei 20° C nur 15,2 g Wasser aufnehmen. Denkt man sich den theoretischen Grenzfall, daß die gesamte Lufthülle der Erde vollständig mit Wasserdampf gesättigt sei, so würde dieser Anteil bezüglich der Gesamtwassermenge der Erde nur 0,006 % (!) ausmachen. Die heutige Verteilung des Wassers geht aus *Bild 10* hervor, wo die einzelnen Wasseranteile dieser Erde als maßstäbliche Würfel A bis E dargestellt sind. Der Riesenanteil von 97,19 % befindet sich in den Ozeanen. Addiert man das Wasser der Kontinente (Gletscher, Polareis, Grundwasser, Seen und Flüsse) mit ca. 2,8 % dazu, so hat man bis auf die dritte Stelle nach dem Komma die 100 % erreicht. Das Wasser der Ozeane und der Kontinente bilden zusammen das »Wasser unterhalb der Luftschicht«. In der Atmosphäre bildet sich im Vergleich zu der letztgenannten Wassermenge nur der verschwindend geringe Anteil von 0,001 %. Die minimale Größe des Würfels E zum Würfel A veranschaulicht dies eindrücklich. An dieser Bilanz wird deutlich: Der Schöpfungsaufwand des zweiten Tages kann unmöglich diese 0,001 % zum Gegenstand des Handelns Gottes gehabt haben. Außerdem wäre diese Feuchtigkeit durch den normalen Verdunstungsprozeß sowieso in die Luft gelangt, so daß dazu nicht extra ein Schöpfungstag nötig wäre. Von jenem am zweiten Schöpfungstag abgetrennten Wasser oberhalb der Lufthülle müssen wir folgendes festhalten:

(1) Es war eine sehr große Wassermenge.
(2) Sie muß einen besonderen Zweck im Rahmen der Schöpfungsordnung erfüllt haben.
(3) Sie ist heute nicht mehr dort vorhanden.
(4) Es ergibt sich nun die Frage, wo dieses Wasser geblieben ist.

6.2.2 Der Wassergürtel oberhalb der Luftschicht

Die genaue Höhenlage sowie die Wassermenge des Wassergürtels können wir heute nicht mehr angeben, da wir in einer völlig veränderten Welt leben. *Ouweneel* [64] setzt eine Höhe von 3000 m an. Da die physikalischen Gesetze mit der Schöpfung in

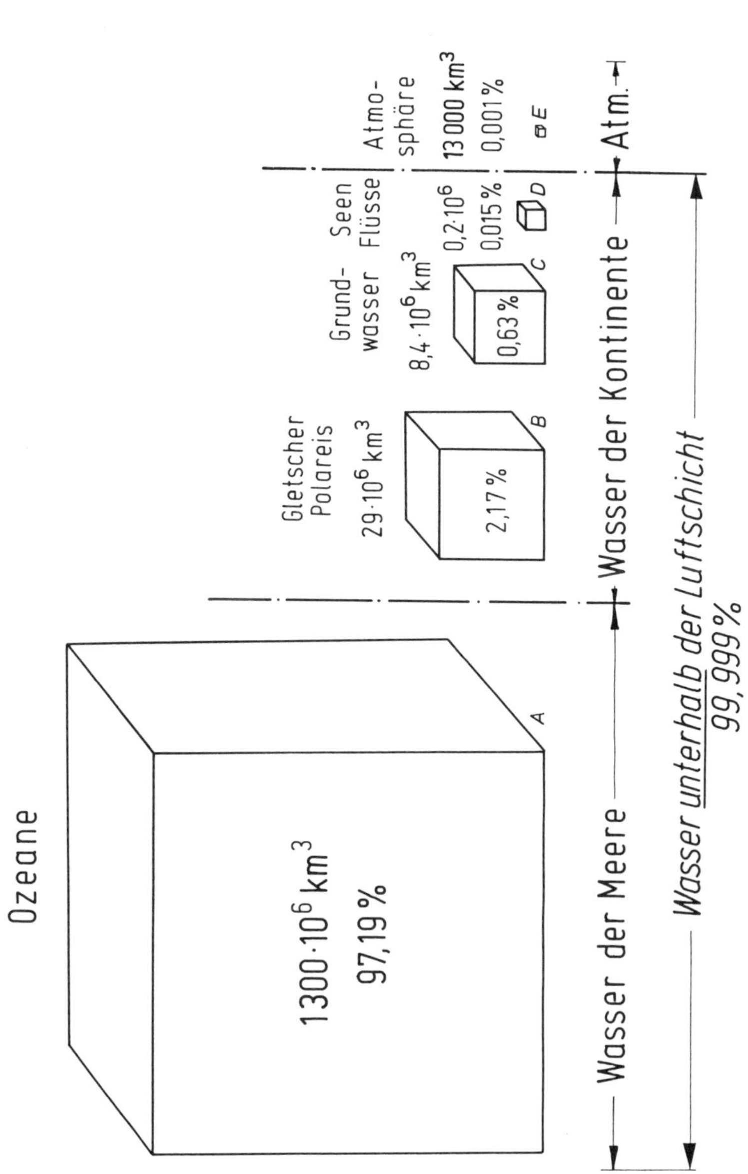

Bild 10: Heutige Wasserverteilung der Erde.
99,999 % des Wassers befinden sich unterhalb der Luftschicht, d. h. auf der Erde. Nur 0,001 % des Wassers sind in der Atmosphäre enthalten.

Kraft traten, sind wir jedoch in der Lage, uns die geophysikalische Situation jener Welt vorzustellen. Der Wassergürtel (vgl. *Bild 11)* kann nicht aus flüssigem Wasser bestanden haben, da dieses ein gegenüber Luft zu hohes spezifisches Gewicht hat. Der Wassergürtel muß sich als eine breite Wasserdampfzone um die gesamte Erde gezogen haben. Wasserdampf, der sich temperaturmäßig oberhalb der Sättigungstemperatur befindet, ist ein durchsichtiges und farbloses Gas. Bezüglich der auf die Erde einfallenden Strahlung von der Sonne (Solarstrahlung) und aus dem Weltenraum (kosmische Strahlung) hat der Wasserdampfgürtel einige bemerkenswerte Eigenschaften, die zu markanten Bedingungen für das Leben auf der Erde führten:

Kurzwellige Strahlung (kosmische Strahlung): Von dem österreichischen Physiker *V. F. Heß* wurde in den Jahren 1911–1912 die *kosmische Strahlung* – auch kosmische Ultrastrahlung oder Höhenstrahlung genannt – entdeckt. Sie besteht aus einer primären und sekundären Komponente. Die erstgenannte Komponente wird verursacht durch hochenergetisch geladene Partikel, die aus dem Weltraum auf die Erde treffen. Die von der Sonne emittierte kosmische Strahlung ist von niedriger Energie (10^7–10^{10} eV*), diejenige von unserer Milchstraße von mittlerer Energie (10^{10}–10^{16} eV), und der energiereichste Anteil kommt von anderen Galaxien und Quasaren. Daß diese Strahlung außerterrestrischen Ursprungs ist und nur zu einem vernachlässigbaren Anteil von der Sonne kommt, ist dadurch belegt, daß ihre Intensität keinerlei Schwankungen im Tag-Nacht-Rhythmus unterliegt. Die sekundäre Komponente entsteht, wenn die Primärstrahlung in die Erdatmosphäre eindringt und dort Kettenreaktionen auslöst. Dabei bildet sich neben einem großen Komplex sekundärer Strahlung auch die sehr kurzwellige γ-Strahlung. Die eintreffende kurzwellige Strahlung erfuhr nun in der Zeit nach der Schöpfung an der Wasserdampfschicht (ebenso auch an der Ozonschicht)

* **Elektronenvolt** (eV) ist eine in der Atomphysik übliche Energieeinheit. 1 eV = $1{,}602 \cdot 10^{-19}$ Ws ist gleich der kinetischen Energie, die ein Elektron mit seiner Elementarladung $1{,}602 \cdot 10^{-19}$ Coulomb beim Durchlaufen einer Potentialdifferenz von 1 Volt im Vakuum gewinnt.

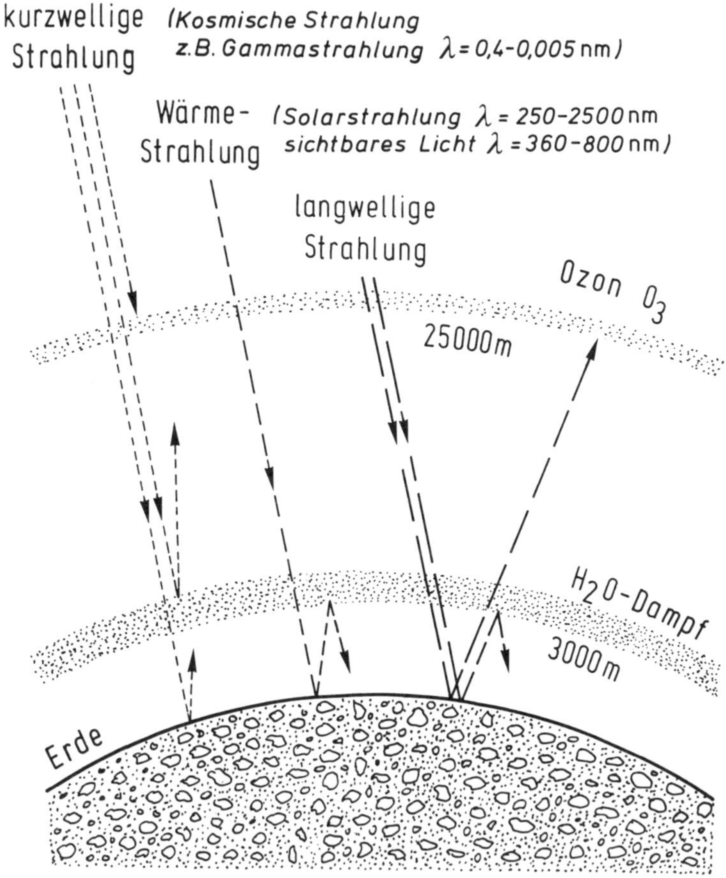

Bild 11: Schematische Darstellung der Erdatmosphäre nach der Schöpfung. Der Wasserdampfgürtel und die Ozonschicht bilden einen Schutzschild gegen kurzwellige kosmische Strahlung. Die Wärmestrahlung kann bis auf einen absorbierten Anteil den Wassergürtel passieren. Langwellige Strahlung tritt nur in sehr geringer Intensität auf, aber sie wird durch die Wasserdampfschicht nicht behindert.

sowohl eine Reflexion als auch eine starke Absorption (Schwächung), so daß nur ein sehr geringer Anteil die Erdoberfläche überhaupt erreichte. Bekanntermaßen ist kurzwellige Strahlung für den lebenden Organismus schädlich. Man kennt sie als Ursache gewichtiger genetischer Schäden, die nachteilige Mutationen und biologische Zerfallserscheinungen hervorrufen. Lebende Zellen werden in ihrem Alterungsprozeß durch solche Strahlung erheblich beschleunigt.

Wärmestrahlung (Solarstrahlung): Für die von der Sonne kommende Strahlung haben – bedingt durch die Erdatmosphäre – die Wellenlängen im Bereich von λ = 250 bis 2500 nm eine spektrale Durchlässigkeit. Bei 500 nm liegt die maximale Energieflußdichte der Sonneneinstrahlung. Die pro Flächen- und Zeiteinheit außerhalb der Erdatmosphäre (AM0 = »Air Mass 0«) auftreffende Strahlungsleistung wird wegen ihres von der Erdatmosphäre noch unbeeinflußten Wertes als **Solarkonstante** bezeichnet (üblicherweise auf die Projektionsfläche $\pi\ r^2$ der Erdkugel bezogen). Ihr Zahlenwert [30] beträgt E_0 = 1,35 kW/m^2 ± 3,4 % – die Schwankung ist durch die jahreszeitliche Änderung der Entfernung der Sonne von der Erde verursacht. Die auf der Erde tatsächlich ankommende Strahlung unterliegt heutzutage sehr starken Schwankungen, die bedingt sind durch:

- die Unterschiede von Tag und Nacht,
- die Unterschiede zwischen den Jahreszeiten, d.h., es gibt periodische Änderungen des Einfallswinkels des Lichtweges durch die Lufthülle,
- die Änderungen der atmosphärischen Bedingungen (Bewölkung, Nebel, Niederschläge, Staub, Wasser- und Kohlendioxidgehalt), die zudem örtlich verschieden sind,
- die unterschiedlichen Einfallswinkel auf einer bestrahlten Halbkugel, d.h., von der örtlichen Position auf der Erde (geographische Länge und Breite) ergibt sich eine weitere Abhängigkeit.

Gemittelt über Tag und Nacht und unter Berücksichtigung der Witterungsverhältnisse gelangt eine mittlere jährliche Globalstrahlung (diffuse und direkte Sonnenstrahlung) von $\bar{E}$ = 0,2345

kW/m^2 zur Erdoberfläche (üblicherweise auf die gesamte Erdoberfläche $4\pi r^2$ bezogen; der reflektierte Energieanteil ist bereits abgezogen). In den Breiten der Bundesrepublik liegt der Wert mit 0,12 kW/m^2 unter und in der Sahara mit 0,3 kW/m^2 oberhalb dieses Globalmittelwertes. Von der ankommenden Solarstrahlung werden im Mittel 31,8 % an der Atmosphäre reflektiert und erreichen nicht die Erdoberfläche.

Die am zweiten Schöpfungstag geschaffene Wasserdampfschicht hatte bezüglich der Solarstrahlung eine bemerkenswerte physikalische Wirkung. Die außerhalb der Erdatmosphäre ankommende Strahlung war wohl genauso hoch wie heute, so daß von derselben Solarkonstanten E_0 ausgegangen werden kann. Die Einstrahlung zur Erde hin war aber wegen der Absorption der Wasserschicht geringer, so daß $\bar{E}$ deutlich kleiner war. Damit die Erde durch die Einstrahlung nicht ständig wärmer wird, muß ein entsprechender Energiestrom wieder in Richtung Weltall abgeführt werden. Für ein klimatisch ausgewogenes System besteht demnach ein Energieaustausch zwischen dem Weltall und der Erde, bei dem sich solare Einstrahlung und terrestrische Ausstrahlung in einem Gleichgewicht befinden. Das frühere Klimasystem funktionierte wegen des kleineren $\bar{E}$ demnach mit einem geringeren Energiestrom. Die mehrfache Reflexion der Wärmestrahlung an der Wasserdampfschicht führte zu einem »Treibhauseffekt«, d.h., es gab – auf die verschiedenen Erdteile bezogen – ein recht gleichmäßiges Klima. Weder extreme heiße noch kalte Zonen waren möglich. Die Menschen lebten in einem äußerst erträglichen und wohlbekömmlichen Klima. Die genannten heutigen starken Schwankungen der Sonnenstrahlung wurden weitgehend durch die geophysikalischen Eigenschaften der Wasserdampfschicht ausgemittelt. Auch für die Vegetation müssen diese Bedingungen optimal gewesen sein. **Wir stellen fest:** *Gott hatte für das geplante Leben auf der Erde die besten Voraussetzungen geschaffen.*

6.3 Die Sintflut

Warum ist unsere heutige Welt nicht mehr so ideal wie die ursprünglich von Gott geschaffene? Es gab zwei Ereignisse der

Vergangenheit, die einen schwerwiegenden Einbruch verursachten. Durch den **Sündenfall** des Menschen kam auch die ursprünglich sehr gute Schöpfung Gottes in eine veränderte Situation, so daß in diese Welt Tod, Krankheit, Mühsal und Schrecken einzogen. Die gesamte Kreatur ängstigt sich noch immerdar und ist der Vergänglichkeit unterworfen (Röm 8,20–22). Das zweite Ereignis ist die **Sintflut:** Es war ein globales Gericht, das Gott über eine böse gewordene Menschheit verhängte. Bis auf acht Menschen kamen alle in einer weltweiten Flut um. In 1. Mose 6–8 wird uns ein detaillierter Bericht des Geschehens gegeben. Der zeitliche Ablauf ist sehr genau datiert und in *Bild 12* graphisch veranschaulicht. Nachdem *Noah* die Arche bestiegen hatte, setzte ein vierzig Tage und Nächte andauernder heftiger Regen ein (1 Mo 7,11–12). Das Wort »Es taten sich auf die Fenster des Himmels« gibt uns den Verbleib des am zweiten Schöpfungstag geschaffenen Wassergürtels »oberhalb der Ausdehnung« an. Er regnete vollständig ab!

6.3.1 Die Sintflut: Ein globales Ereignis

Von Bibelkritikern ist immer wieder der Einwand erhoben worden, die Sintflut sei nur ein lokales Ereignis gewesen – also eine regionale Überschwemmung, wie sie auch heute hier und da vorkommt. Wir wollen auf diesen Einwand mit einigen biblischen und außerbiblischen Argumenten antworten.

a) Biblische Argumente: Die Bibel selbst gibt das durchgängige Zeugnis von einer weltweiten Flut. Die Annahme einer bloß lokalen Überschwemmung würde zu mannigfachen Ungereimtheiten führen, von denen wir hier die sechs wichtigsten betrachten wollen:

(1) Größe der Arche: Die Größe der Arche ist biblisch bezeugt (Länge: 300 Ellen = 137 m, Höhe: 30 Ellen = 14 m, Breite: 50 Ellen = 23 m). Erst wenn man sich eine konkrete Vorstellung davon verschafft, erhält man einen nachhaltigen Eindruck von diesem gigantischen Spezialschiff. Mit einem Rauminhalt von 39500 m^3, das entspricht einer Bruttotonnage von 13900 BRT (1 Bruttoregistertonne = 2,8 m^3), hat die Arche ein Ladeäquivalent von 600 Güterwagen, was einer Zuglänge von 6 km Länge

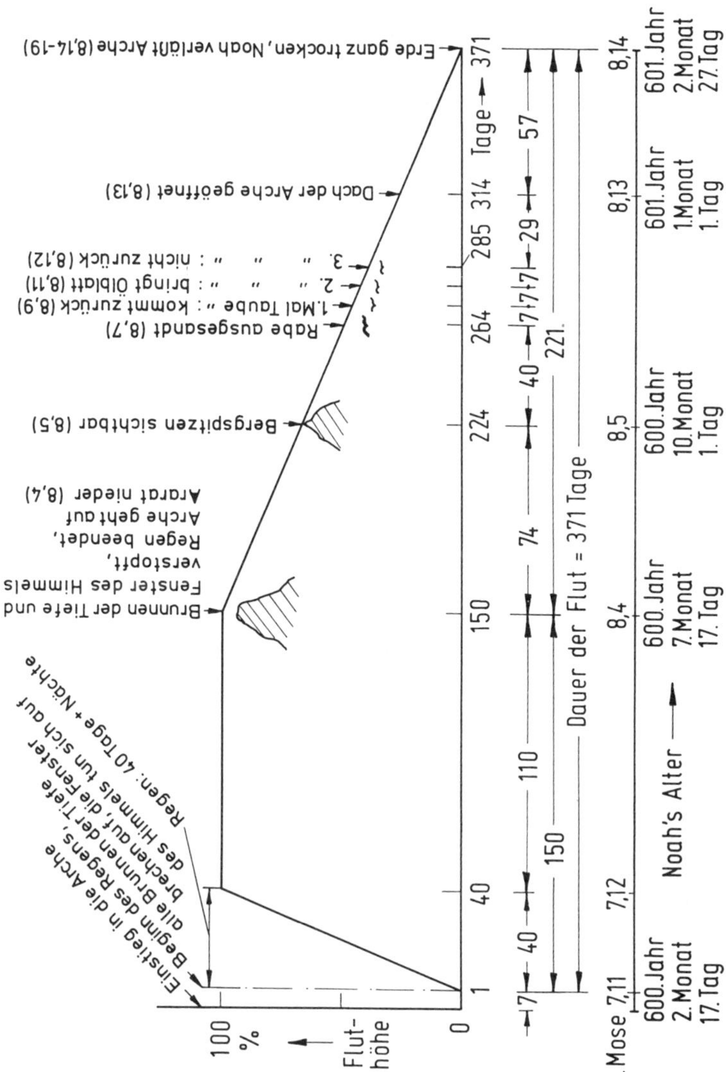

Bild 12: Zeitlicher Ablauf der Sintflut.
In 40 Tagen hatte die Flut ihre maximale Höhe erreicht. Da der absolute Flutpegel nicht mehr angegeben werden kann, wird die höchste Marke mit 100 % angegeben. Das Absinken des Wassers ist in der Darstellung als gleichmäßig angenommen.

entspricht. Die drei Decks hatten eine Gesamtfläche von 8900 m^2; das ist etwa das 1½-fache eines Fußballfeldes. Bis 1884 gab es kein historisches Schiff, das länger als die Arche war [17], und bis zum Jahre 1932 waren nur 160 Schiffe (ca. 1 %) länger, 7 Schiffe breiter und 8 Schiffe höher als die Arche. Nur 6 Schiffe hatten bis dahin eine größere Tonnage als die Arche. Der weltbekannte Luxusdampfer *»Deutschland«* (1900–1925 im Dienst), der in 6 Tagen die Strecke Hamburg–New York zurücklegte und seinerzeit 6 Jahre lang das schnellste Passagierschiff auf dem Atlantik war, hatte mit 16502 BRT eine vergleichbare Tonnage mit der Arche *Noah.* Die Arche war also ein außergewöhnlich großes Schiff. Für die Rettung einer bloß regionalen Tierwelt wäre sie völlig überdimensioniert gewesen. Für Darstellungen unterschiedlichster Zwecke hat die Arche als zugrundeliegende Idee gedient. Betrachtet man die Zeichnungen in Religionsbüchern, Zeitungskarrikaturen oder der Kunst (siehe *Bild 13*), so ist offenbar *ein* Fehler allen gemeinsam: Die Arche wird verniedlichend als Nußschale dargestellt. In Wirklichkeit aber war sie ein riesiges Schiff.

(2) Zweck der Arche: Durch diese Aktion sollten der Gott gehorsame *Noah* und seine Familie sowie die gesamte Tierwelt durch Mitnahme eines Paares von **allen** Arten der Landlebewesen (1 Mo 6, 19–21) gerettet werden. Wäre es nur eine regionale Flut gewesen, so hätte es genügt, die Tiere in eine andere Landschaft zu treiben.

(3) Tod aller Landlebewesen: Die Bibel bezeugt den Untergang aller Landlebewesen: »Da ging *alles* Fleisch unter . . ., was sich regt auf Erden, und *alle* Menschen« (1 Mo 7,21). Auch der Herr JESUS bezeugt dies im Neuen Testament: »Die Sintflut kam und brachte sie **alle** um« (Lk 17,27).

(4) Höhe des Wasserspiegels: »Und das Gewässer nahm überhand und wuchs so sehr auf Erden, daß **alle hohen Berge** unter dem ganzen Himmel bedeckt wurden. 15 Ellen hoch ging das Gewässer **über** die Berge, die *bedeckt* wurden« (1 Mo 7, 19–20).

Wenn **alle** Berge unter der Flut verschwunden sind, dann kann es sich unmöglich um eine nur regional begrenzte Flut gehandelt

Bild 13: Beispiel für die Darstellung der Arche Noah in der Kunst. Durch derartige künstlerisch oft wertvolle Bilder wird leider unbewußt der Eindruck vermittelt, als sei die Arche nur eine kleine Nußschale gewesen. Im Text wird diese Fehleinschätzung richtiggestellt.

(Dieses Bild ist der Seite 168 des Buches von *Willem J. J. Glashower* [1980]: »So entstand die Welt« entnommen, Neuhausen-Stuttgart.)

haben. Stellt man sich vor, die gesamte heutige in der Atmosphäre befindliche Wassermenge (Wolken und Luftfeuchtigkeit) von 13000 km^3 würde abregnen, so würde das bei 510 Millionen km^2 Erdoberfläche eine durchschnittliche Niederschlagshöhe von nur 2,5 cm ergeben. Auch hieran sehen wir, daß es sich um ein anderes Wasserreservoir gehandelt haben muß. Es war der Wassergürtel »oberhalb der Ausdehnung«, der fast sechs Wochen benötigte, um vollständig abzuregnen und um den hohen Flutpegel auf der Erde zu verursachen.

(5) *Dauer der Flut:* Die Flut dauerte mit 371 Tagen über ein Jahr und war einige Monate auf Höchststand. Folglich hatte der Flutpegel – bis auf Gezeitenschwankungen – weltweit dasselbe Niveau.

(6) *Versprechen Gottes:* Gott schloß mit *Noah* einen Bund: »Und ich richte meinen Bund also unter euch auf, daß . . . hinfort keine Sintflut mehr kommen soll« (1 Mo 9,11). Regionale Überschwemmungen hat es immer wieder gegeben, aber niemals mehr eine weltweite Sintflut. Gott hat sein Versprechen wirklich gehalten. Ihm können wir absolut vertrauen.

b) Außerbiblische Argumente: So zahlreich ist das außerbiblische Belegmaterial einer weltweiten Flut [4,84], daß wir hier nur stichpunktartig darauf eingehen können.

(1) *Flut-Überlieferungen:* Das Gericht der Sintflut wie auch die dramatische Rettung waren so gewaltige Ereignisse, daß sie von Generation zu Generation weitererzählt wurden. Wenn die außerbiblische Erzählung auch teilweise erhebliche Veränderungen erfahren hat, so ist doch bemerkenswert, daß es in vielen Völkern unabhängig voneinander Flutüberlieferungen gibt. Wir finden sie im hohen Norden ebenso wie im tiefen Süden, bei den Eskimos, den Volksstämmen Sibiriens, den Bewohnern Finnlands und des Lapplands ebenso wie bei den Maori Neuseelands, den Eingeborenen Australiens und den Feuerländern. Die chinesischen Sintflutberichte gehören zu den eindrucksvollsten Asiens, und allein bei den Indianern gibt es 58 solcher Erzählungen.

(2) *Landeplatz der Arche:* Die Arche landete auf dem Berg *Ararat.* In der Ararat-Babylon-Zone liegt auch der Anfang der historischen Zivilisation.

(3) *Älteste Bäume:* Die Altersdatierung der ältesten lebenden Bäume weist auf einen einheitlichen Zeitraum hin, nämlich die nachsintflutliche Zeit.

(4) *Sedimente:* Weltweit gibt es wasserabgelagerte Sedimente, die auf eine große Wasserkatastrophe hinweisen, die Sintflut.

(5) *Fossilien:* Die fossilen Einlagerungen von Tieren und Pflanzen auf der ganzen Welt zeigen ebenfalls eine weltweite Katastrophe an.

(6) Tierfriedhöfe: Fossile »Tierfriedhöfe« findet man auf der ganzen Welt in den Gesteinen, die nach der Evolutionslehre verschiedenen Zeitaltern angehören sollen. Sie belegen jedoch ein universales gleiches Ereignis.

(7) Gemischte Fossilien: In demselben Gestein lagern Fossilien nebeneinander, die nach der Evolutionslehre gar nicht gleichzeitig auftreten dürften.

(8) Weltweit findet man Flußbetten, die für die gegenwärtigen Wassermengen viel zu groß sind.

6.3.2 Veränderungen durch die Sintflut

Wir hatten bereits festgestellt, daß – naturwissenschaftlich gesehen – die Sintflut bezüglich unserer Forschungen einen Ereignishorizont darstellt. Was **davor** war, können wir in der Regel nicht mehr feststellen. Die Bibel gibt uns aber zahlreiche Informationen, so daß wir zu einer Reihe von Schlußfolgerungen befähigt werden.

a) Klima: Wenn durch die Sintflut der klimatisch bedeutsame Wasserdampfgürtel um die Erde verlorenging, dann muß es danach zu einer starken Klimaveränderung gekommen sein. An die Stelle des vorher weitgehend gleichmäßigen und milden Klimas traten nun verschiedene Klimazonen mit z. T. sehr extremen Bedingungen. Die in der Sintflut entstandenen fossilen Ablagerungen geben Zeugnis von einer Pflanzenwelt, die unter heutigen Bedingungen nicht mehr existieren könnte (z. B. Stigmarien, Glossopteris, Lepidophyten). Die bisher wissenschaftlich immer noch ungeklärte Frage, warum die Saurier ausstarben, könnte hier ebenfalls ihre Lösung finden.

b) Menschenalter: Zu einem äußerst bemerkenswerten Faktum gelangen wir, wenn wir in einem Diagramm die Lebensalter der Stammväter über den Generationen auftragen. Das sehr hohe Alter der in 1. Mose 5 genannten ersten 10 Patriarchen hat schon manch einem Kopfzerbrechen bereitet. Trägt man gemäß *Bild 14* auch die Lebensalter der folgenden Patriarchen von *Sem* bis *Abraham* nach 1. Mose 11 und weiter bis *Joseph* ein, so ergibt sich ein sehr aufschlußreicher Kurvenverlauf. Nach der Sintflut fällt das Lebensalter rapide ab. Gemäß Psalm 90,10 liegt das mittlere nachsintflutliche Lebensalter zwischen 70 und 80 Jahren. Gehen wir, um eine exakte Ausgleichskurve errechnen zu können, von einem mittleren Endwert von 75 Jahren aus, so läßt sich folgende, bezüglich der Generationen G, exponentiell abklingende Lebensalterkurve A für die nachsintflutliche Zeit errechnen:

$$A = 75 + (912 - 75) \cdot \exp\left(\frac{-G + 10}{3{,}6}\right).$$

Die Zeitkonstante der Lebensalterminderung beträgt danach $T = 3{,}6$ Generationen. Bei einer exponentiell verlaufenden Kurve sind nach Ablauf von T von dem Endwert 63,2 % erreicht. Die gottgewollte Verkürzung der Lebenszeit nach der Sintflut findet ihre physikalisch-physische Begründung in dem Abregnen des strahlenschützenden Wassergürtels um die Erde und der damit verbundenen einschneidenden Klimaveränderung.

c) Ozeane und Gebirge: Die heutige Gestalt der Erdoberfläche umfaßt von der höchsten Erhebung *(Mt. Everest* h_{max} = 8882 m)

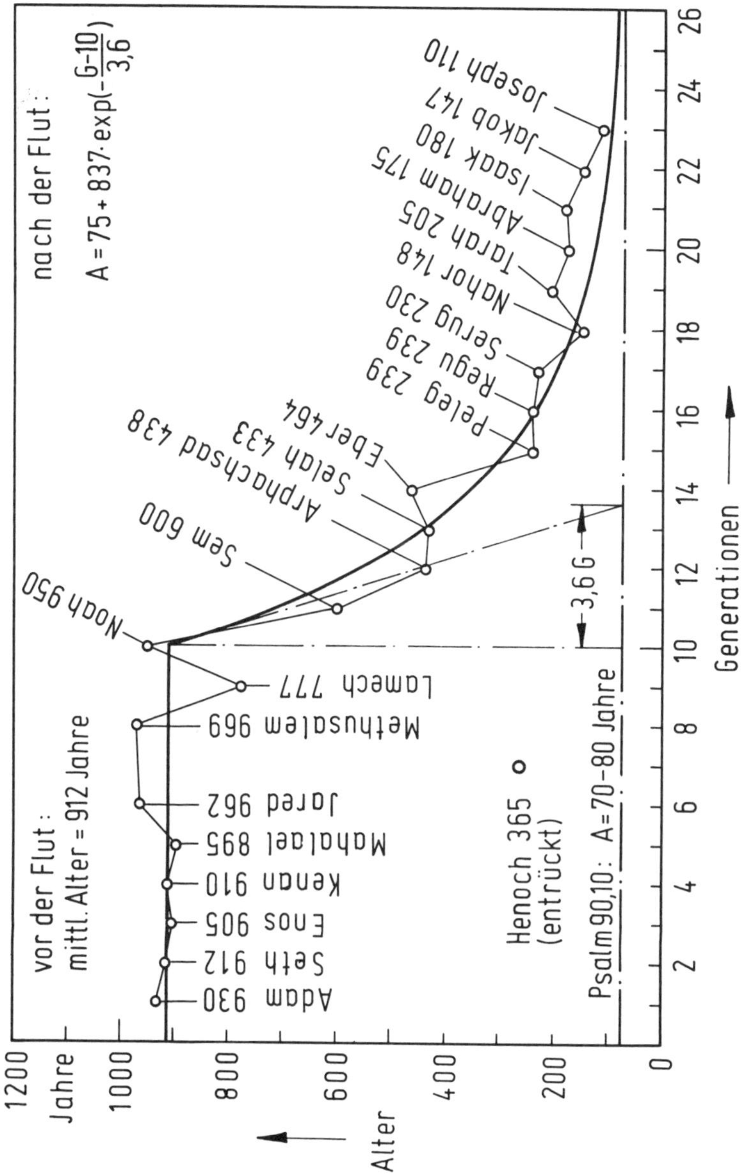

Bild 14: Lebensalter der Patriarchen von Adam bis Joseph.

bis zur größten Meerestiefe *(Vitiaz-Tief im Mariannen-Graben* h_{min} = −11034 m) nahezu 20 km. Summiert man die Flächenanteile der Erde mit gleicher Höhen- bzw. Tiefenlage und trägt sie in ein Diagramm *h = f(A)* gemäß *Bild 15* derart ein, daß man mit dem Areal der größten Tiefe beginnt (Punkt A) und dann fortlaufend die einzelnen Summen in Abhängigkeit vom erfaßten Niveau *h* aufträgt, so erhält man die sogenannte hypsographische Kurve *H* der *heutigen* Erdoberfläche. Diese Kurve zeigt das mittlere Profil der Erdkruste an. Denkt man sich das gesamte Bodenrelief der Erde eingeebnet, so erhält man das mittlere Krustenniveau bei *h* = −2430 m (Linie BDH), d.h., bei einer völlig glatten Erde würde die vorhandene Wassermenge von 1370 Millionen km^3 ausreichen, um die gesamte Erde mit einem 2340 m tiefen Ozean zu bedecken. Die Linie BDH schneidet die hypsographische Kurve in der Höhe, daß die Flächen ADB und DEFH in *Bild 15* gerade gleich groß werden. Anders ausgedrückt: Das Erdvolumen oberhalb des mittleren Krustenniveaus muß gerade dem Wasservolumen entsprechen, das sich darunter befindet. Bei der gegenwärtigen nachsintflutlichen Gliederung des Reliefs ragen 29% der Erdoberfläche als Festland aus dem Weltmeer heraus. Der größte Teil der heutigen Erdoberfläche besteht aus Meer.

Mit Sicherheit war die Gestalt der Erdoberfläche *vor* der Sintflut eine völlig andere als die heute vorliegende. Der mit Wasser bedeckte Anteil der Erdoberfläche war erheblich geringer, und übermäßig hohe Gebirge konnte es nicht gegeben haben. Die untergegangene Welt hatte niedrigere Berge als heute, die wohl nicht höher als 2000 m waren, denn die damaligen Erhebungen wurden von den Flutwassern vollständig bedeckt (1 Mo 7,19–20). Wenn der Berg *Ararat* mit seinen heutigen 5165 m oder der *Mt. Everest* mit fast 9 km Höhe schon vor der Flut so hoch gewesen wären, könnten sie von der Flut nicht überschwemmt sein. In der Tat berichtet die Bibel das Entstehen der Berge **nach** der Flut:

> »Wasser standen über den Bergen (= *vor der Sintflut*). Aber von deinem Schelten flohen sie, von deinem Donner fuhren sie dahin. Die Berge (= *nach der Sintflut*) gingen hoch hervor, und die Täler setzten sich herunter zum Ort,

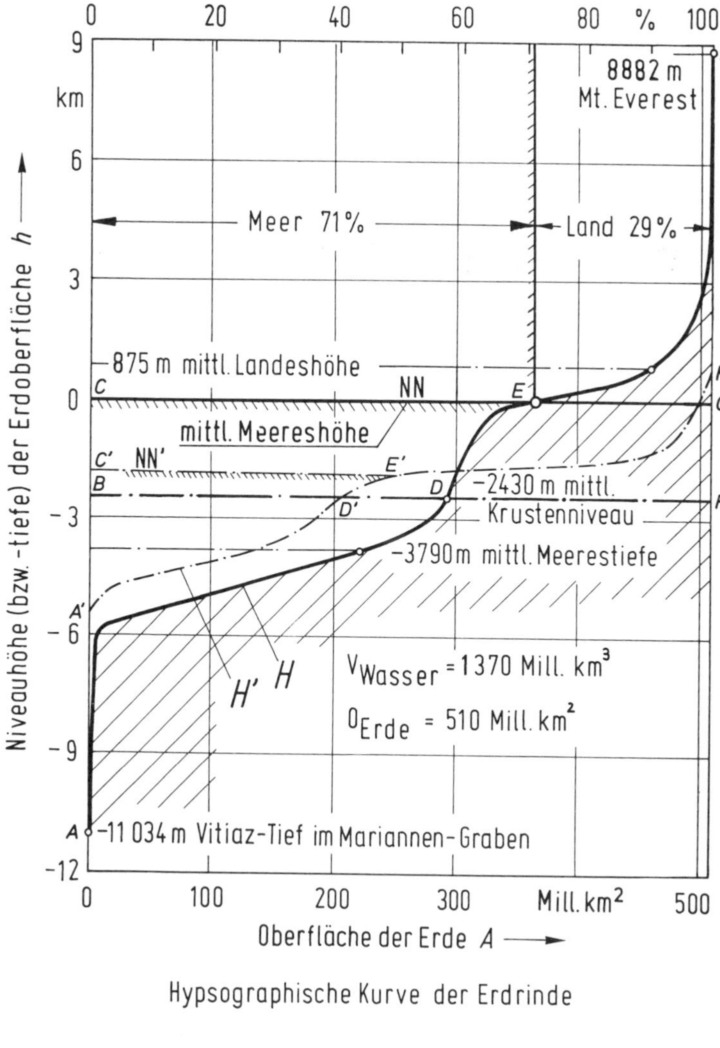

Bild 15: Das mittlere Profil der Erdkruste.
Kurve ADEF: heutige hypsographische Kurve H.
Kurve A'D'E'F': angenommene hypsographische Kurve H' vor der Sintflut.
NN ist die heutige und NN' die vorsintflutliche mittlere Meereshöhe.

den du ihnen gegründet hast. Du hast eine Grenze gesetzt, darüber kommen sie nicht und dürfen nicht **wiederum** (= *wie während der Sintflut*) das Erdreich bedecken« (Ps 104,6–9).

Diese Psalmverse beschreiben die Sintflutsituation mit den wasserbedeckten Bergen, das nachfolgende Erheben der Berge und das Absenken der Täler sowie die Verheißung Gottes, nie wieder eine Sintflut kommen zu lassen. Weil der Psalm 104 mehrfach den Schöpfer in seinen Werken preist, wird er häufig als eine Beschreibung der Schöpfung angesehen. Der zeitlich umspannte Rahmen reicht jedoch weit über das in 1. Mose 1 und 2 Gesagte (hier Verse 1–5) hinaus. Die Situation nach dem Sündenfall ist durch das Vorhandensein von wilden Tieren (V. 20–21), von Sündern und Gottlosen (V. 35) sowie der Mühsal der Arbeit (V. 23) deutlich angezeigt. Die ausdrückliche Nennung des Libanon (V. 16) weist auf die Zeit der nachsintflutlichen Geographie hin. Nach den obigen Feststellungen kommen wir zu dem zwingenden Schluß, daß die vorsintflutliche hypsographische Kurve *H'* der Erdoberfläche einen völlig anderen Verlauf gehabt haben muß. Sie ist quantitativ nicht mehr angebbar, dennoch wollen wir es wagen (mit allem Vorbehalt und aller Vorsicht!), in *Bild 15* einen Verlauf *H'* als strich-punktierte Kurve einzuzeichnen, die das damalige Relief rein qualitativ beschreiben könnte:

- *H'* verläuft erheblich flacher als *H*.
- Die Strecke C'E' ist kürzer als CE, d.h., der Anteil der Meeresfläche war vor der Sintflut kleiner als nachher.
- Das Wasservolumen des Ozeans ADEC ist heute erheblich größer als vor der Sintflut (A'D'E'C'). Das Wasser aus den »Brunnen der Tiefe« und »oberhalb der Ausdehnung« ist hinzugekommen.
- Die Fläche A'D'B ist gleich der Fläche D'E'F'H.
- Der vorsintflutliche mittlere Meeresspiegel NN' war erheblich niedriger als der heutige NN.

7. Gibt es zwei Schöpfungsberichte?

Mit dem Einsetzen der Bibelkritik wurde auch der Schöpfungsbericht mit einem Gewirr von Hypothesen überzogen. Neben verschiedenen Vorstellungen hat sich die Mehrheit der Bibelkritiker einer Version angeschlossen, wonach die fünf Bücher *Mose* aus vier Quellschriften zusammengesetzt sein sollen: Zunächst zwei erzählende Werke – den Jahwisten und den Elohisten –, und später das Deuteronomium (5. Buch Mose) sowie die Priesterschrift. Diese Einzelteile seien dann nach dem babylonischen Exil Israels zu einem Sammelwerk verbunden worden.

Solche Vorstellungen begründete man mit den angeblichen zwei Schöpfungsberichten 1. Mose 1–2,4a und 2,4b–2,25, in denen ein Wechsel der Namen Gottes *(Elohim* und *Jahwe)* auffällt. Weiterhin gelten als Einwände gegen die Verfasserschaft *Mose* Unterschiede in Stil und Wortschatz sowie das Vorhandensein von mehr als einem Bericht für gleiche Ereignisse (z.B. für die Erschaffung des Menschen).

Eine wichtige Deutung dafür, wie man zu solchen Vorstellungen kommt, finden wir in der Pentateuch-Einleitung zur *Jerusalemer Bibel:* »Diese Literaturkritik war mit einem evolutionistischen Verständnis der religiösen Vorstellungen Israels verbunden.« Die von der Evolutionslehre geprägten Bibelkritiker unterstellen also auch die Entstehung der biblischen Bücher einer solchen Idee des allmählichen Werdens. Die historische Zuverlässigkeit der fünf Bücher *Mose* sowie dessen Verfasserschaft sind so sehr mit der Autorität des Herrn JESUS CHRISTUS verbunden, daß alles ins Wanken gerät, wenn wir hier nicht dem Sohn Gottes glauben. Das Verhängnis ist so folgenschwer wie das des *reichen Mannes* in der Hölle (Lk 16,19–31): Er hörte nicht auf *Mose* und die Propheten (V. 31), d.h., er nahm das Wort Gottes nicht ernst. JESUS betonte immer wieder: »*Mose* hat gesagt« (Mk 7,10; Mk 12,19; Lk 20,28), »Habt ihr nicht gelesen im Buch des *Mose*?« (Mk 12,26). Der Herr hat betont, daß das Vertrauen in die Schriften des *Mose* sogar eine Voraussetzung ist, um seinen Worten zu glauben: »Wenn ihr *Mose* glaubet, so glaubet auch mir; denn er hat von mir geschrieben. Wenn ihr aber seinen Schriften nicht glaubet, wie werdet ihr meinen Worten glauben?« (Joh 5,46–47). Die Bücher *Mose* gehören unbedingt zum Aufbau des Neuen Testaments dazu, da dieses hierin eingewurzelt ist. Allein das erste Buch *Mose* ist über 60mal in 17 Büchern des Neuen Testaments zitiert. Wer die Offenbarungen des Neuen Bundes wirklich verstehen will, darf das erste Buch *Mose* nicht außer acht lassen. Die Argumentation der Pentateuchkritik ist wie folgt zu entkräften:

- Der Wechsel der Namen Gottes geschieht, um die verschiedenen Wesenszüge Gottes zu offenbaren. So gibt es in der Bibel mehr als 700 verschiedene Namen für Gott, den Vater, den Sohn und den Heiligen Geist [56]. Vor dem Kommen JESU in diese Welt ist er im Alten Testament mit so zahlreichen Namen angekündigt worden (z. B. Stern aus Jakob, Wunderbar, Rat, Kraft, Ewigvater, Auserwählter, Gesalbter), daß seine Art hinreichend gekennzeichnet war. Von den zahlreichen Namen Gottes wollen wir hier nur einige nennen. Dabei beschränken wir uns auf das erste Buch *Mose,* wobei in Klammern die deutsche Übersetzung und das erste Auftreten genannt werden:

  Elohim (Pluralform, um die Dreieinigkeit Gottes als Vater, Sohn und Heiliger Geist auszudrücken; 1 Mo 1,1),
  Jahwe (nach 2 Mo 3,14 »Ich bin, der ich bin«; 1 Mo 2,4),
  Adonai (mein Herr; 1 Mo 15,2),
  El-Roi (Gott, der mich sieht; 1 Mo 16,13),
  El-Schaddai (allmächtiger Gott; 1 Mo 17,1),
  El-Olam (ewiger Gott; 1 Mo 21,33),
  Jahwe-Jireh (Jahwe ersieht; 1 Mo 22,13+14),
  El (Gott der Allmächtige; 1 Mo 33,20).

  Unterschiedliche Gottesnamen verschiedenen Verfassern zuordnen zu wollen ist nicht angemessen.
- Stil und Wortwahl hängen naturgemäß von dem behandelten Gegenstand ab und sind somit noch kein hinreichendes Indiz für verschiedene Verfasser.
- Parallelberichte dienen zur Vertiefung und Ergänzung vorheriger Aussagen, wie wir es insbesondere bei den Schöpfungsaussagen leicht feststellen können.

In 1. Mose 2,4b beginnt nicht ein »zweiter Schöpfungsbericht« einer anderen Quelle, sondern hier wird im Detail die Erschaffung des Menschen beschrieben. Es handelt sich um einen Parallelbericht mit anderer Zielsetzung und anderen Aussageschwerpunkten. Auf einige häufig vorgebrachte Fragestellungen wollen wir nun eingehen:

Frage 1: In 1. Mose 2 wird zwischen den Versen 5 und 7 ein Widerspruch gesehen im Vergleich zu Aussagen nach 1. Mose 1:

> V. 5: »Und alle Sträucher waren noch nicht auf Erden ...«
> V. 7: »Da machte Gott der Herr den Menschen ...«

Man gewinnt hier den Eindruck, als wäre der Mensch **vor** den Sträuchern und Pflanzen erschaffen worden. Wie verträgt sich das mit den Aussagen zu 1. Mose 1, wo doch deutlich gesagt wird, daß die Pflanzen am dritten Tag und der Mensch am sechsten Tag geschaffen wurden?

Antwort: Die Bibel enthält zahlreiche Aussagen zur Schöpfung. Der umfassendste Bericht steht zweifellos in 1. Mose 1,1–2,4a und ist streng chronologisch aufgebaut. Alle anderen Aussagen zur Schöpfung sind über die ganze Bibel verteilt und offenbaren jeweils bestimmte markante Details, die über die Aussagen von 1. Mose 1 hinausgehen. Dazu einige Beispiele:

Johannes 1,1–3:	JESUS CHRISTUS ist der Schöpfer aller Dinge.
Hebräer 11,3:	Es ist alles aus dem Nichts geschaffen.
Hebräer 1,2–3:	JESUS CHRISTUS ist nicht nur Schöpfer, sondern auch Erhalter der Schöpfung.
Kolosser 1,16:	Alles ist zu CHRISTUS hin geschaffen.
Sprüche 3,19:	Die Schöpfung ist durch Weisheit gemacht.
Jeremia 51,15:	Die Schöpfung ist durch Kraft gemacht.

Ebenso verhält es sich mit dem Schöpfungsbericht, der von 1. Mose 2,4b bis zum Kapitelende reicht. Dieser Teil enthält nähere Details speziell über die Erschaffung des Menschen am sechsten Schöpfungstag, die in 1. Mose 1 noch nicht berichtet wurden, wie z.B.:

(1) Der Mensch wurde nicht auf das Wort hin geschaffen, sondern Gott formte ihn und blies ihm seinen Odem ein.

(2) Gott **pflanzte** (V. 8) einen speziellen *Garten Eden* für den Menschen und ließ dort allerlei Bäume **aufwachsen** (V. 9). Die Pflanzen und Bäume waren längst schon am dritten Tag geschaffen. Hier stehen die Verben »pflanzen« und »aufwachsen«, die keine Neuschöpfung ausdrücken, sondern Tätigkeiten beschreiben, die von einem bereits vorhandenen Bestand ausgehen. Somit kann kein Widerspruch zu 1. Mose 1 gesehen werden.

(3) Das Gebot Gottes an den Menschen, von einem bestimmten Baum nicht zu essen (V. 17).

(4) Das Alleinsein des ersten Menschen, *Adam,* wird besonders herausgestellt (V. 18), darum macht Gott ihm eine Gehilfin.

(5) Die Schaffung der Frau wird im einzelnen beschrieben (V. 21–22).

Diese Aussagen sind in den Versen 7 bis 25 des zweiten Kapitels beschrieben und stellen sozusagen eine Ausschnittvergrößerung der Verse 24 bis 31 des ersten Kapitels dar. Alle diese Schilderungen haben sich in dem *Garten Eden* am sechsten Schöpfungstag abgespielt. Diesem Parallelbericht wird eine Einleitung vorangestellt, die in kurzen Sätzen ausgewählter Stichpunkte den Rahmen der Vergangenheit erläutert:

V. 4b: »Es war zu der Zeit, da Gott der Herr Erde und Himmel machte.« Dieser zweite Teil von Vers 4 entspricht genau dem Vers 1 in 1. Mose 1: »Am Anfang schuf Gott Himmel und Erde.« Da der folgende Bericht sich nur noch auf die Erde bezieht, wird diesem Tatbestand auch durch die Wortumkehrung »Erde und Himmel« Rechnung getragen.

V. 5 und 6: Diese Verse schildern die Situation in der Mitte des dritten Tages. Sie könnten als Einfügung zwischen Vers 10 und 11 in 1. Mose 1 angesehen werden. Diese Situation ist ja gerade dadurch gekennzeichnet, daß

- noch keine Sträucher und Kräuter auf dem Felde waren,
- noch kein Regen gefallen war,
- noch kein Mensch da war,
- das Feld schon existierte, denn nach 1. Mose 1,9–10 war bereits die Trennung von Land und Meer vorgenommen worden,
- das Land schon durch einen Nebel befeuchtet war, um den Boden für die noch zu schaffenden Pflanzen nach 1. Mose 1,11 vorzubereiten.

Die Aufzählung von Tatbeständen zu diesem Zeitpunkt hätte noch weiter fortgeführt werden können, wie z. B.:

- es waren noch keine Fische im Meer,
- es waren noch keine Gestirne geschaffen,
- aber: das Licht (V. 3) war schon da, und die großen Wassertrennungen waren schon ausgeführt.

Wegen des Einleitungscharakters zu dem eigentlich zu berichtenden Geschehen im *Garten Eden* werden nur wenige Stichpunkte stellvertretend genannt. Der Schöpfung des Menschen im *Garten Eden* am sechsten Tag waren fünf Schöpfungstage vorangegangen. Es fällt auf, daß die Verse 5 und 6 in 1. Mose 2 gerade die Gegebenheiten der Mitte der fünf Schöpfungstage (= 2,5 Tage) wiedergeben, und das entspricht genau der Situation zwischen den beiden Schöpfungswerken des dritten Tages. Aus *Bild 16* geht diese auffallende Symmetrie deutlich hervor. Das unterstreicht noch mehr den Einleitungscharakter dieser Verse für die Haupterzählung von 1. Mose 2,7–25. Außerdem ist damit angezeigt, daß 1. Mose 1–2,4a nicht unabhängig hiervon zu sehen ist, sondern seine volle Kenntnis voraussetzt. Vergleicht man zusammenfassend den Bericht von 1. Mose 1,1–2,4b mit dem von 1. Mose 2,4b–25, so zeigen sich folgende auch aus *Bild 16* erkennbare Entsprechungen:

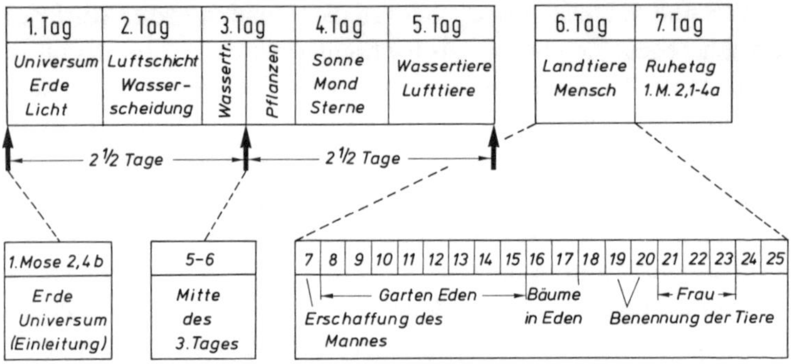

Bild 16: Gliederung und Zuordnung der zusammengehörenden Schöpfungsaussagen von 1. Mose 1,1–2,4a (streng chronologischer Schöpfungsbericht, oberer Bildteil) und 1. Mose 2,4b–25 (Bericht über die Erschaffung der beiden ersten Menschen, unterer Bildteil).

1. Mose 2,4b	≙	1. Mose 1,1	Schaffung von Himmel und Erde
1. Mose 2,5–6	≙	1. Mose 1,1–10	Situationsbeschreibung für die Zeit vom ersten Tag bis nach dem ersten Schöpfungswerk des dritten Tages
1. Mose 2,7–25	≙	1. Mose 1,27–31	Erschaffung des ersten Menschenpaares.

Frage 2: In 1. Mose 2,19 heißt es:

»Denn als Gott der Herr gemacht hatte von der Erde allerlei Tiere auf dem Felde und allerlei Vögel unter dem Himmel, brachte er sie zu dem Menschen, daß er sähe, wie er sie nennte; denn wie der Mensch allerlei lebendige Tiere nennen würde, so sollten sie heißen.«

Hier gewinnt man den Eindruck, als wären die Tiere erst **nach** dem Menschen erschaffen worden. Ist das nicht ein Widerspruch zu 1. Mose 1, wonach die Vögel am fünften und die Feldtiere am sechsten Schöpfungstag erschaffen wurden; der Mensch aber zuletzt?

Antwort: Dieser Vers ist auf den ersten Blick in der Tat schwer zu verstehen. Nachdem wir den Parallelbericht von 1. Mose 2,4b–25 in drei textliche Passagen gegliedert haben und gemäß *Bild 16* ihre zeitliche Zuordnung zu 1. Mose 1 herausfanden, können wir die Problematik von Vers 19 leichter auflösen. Die strenge thematische Zuordnung von 1. Mose 1,27–31 und 1. Mose 2,7–25 über die Erschaffung des Menschen ist darüber hinaus auch eine zeitliche Zuordnung: Alles, was hier **über den Menschen** gesagt wird, geschieht – zeitlich gesehen – am sechsten Schöpfungstag. Es ist sehr bedeutsam, daß alles, was hier gesagt wird, durchweg auf den Menschen bezogen ist:

- Gott schafft zuerst einen Mann.
- Gott pflanzt einen Garten für den Menschen, der in den Versen 8–15 näher beschrieben wird.
- Gott gibt dem Menschen ein Gebot (V. 16) und ein Verbot (V. 17).
- Gott führt dem Menschen die Tiere vor und läßt sie benennen (V. 19).
- Gott schafft dem Mann eine Frau, nachdem er nur einige Stunden allein war.

Da der Mensch Objekt des Handelns Gottes ist, steht hier stets »Gott der Herr« *(Jahwe Elohim)*. Gegenüber dem Menschen ist Gott »Herr«, ebenso wie CHRISTUS »Herr« (griech. *kyrios)* ist. Bezüglich der sonstigen Schöpfung hat Gott dem Menschen die Herrschaft (1 Mo 1,28) übergeben. Nach diesen Darlegungen wird deutlich, daß 1. Mose 2,7–25 so anthropozentrisch (auf den Menschen hin) ausgerichtet ist, daß es nicht mehr das Thema ist, etwas über die Erschaffung der übrigen Dinge zu sagen. So will V. 19 nichts über den Zeitpunkt der Erschaffung der Tiere sagen. Aus dem Kontext ist hier klar ersichtlich, daß es um die Fähigkeit des Menschen geht, Tiere zu benennen. Gott prüft beispielhaft die geistig-sprachlichen Begabungen des ersten Menschen. Nur nebenbei wird noch einmal unterstrichen, daß auch diese Tiere Gott gemacht **hatte.** Die Annahme, daß die Vögel am selben Tag wie der Mensch erschaffen sein sollen, wird in Vers 19 nicht zum Ausdruck gebracht.

8. Denkweisen der Schöpfung

Es ist immer wieder diskutiert worden, ob das biblische Zeugnis der Schöpfung ein naturwissenschaftliches Erklärungsmodell für die Entstehung dieser Welt sein kann. Evolutionisten lehnen das strikt ab und bezeichnen *ihre* Idee als naturwissenschaftlich. Auf den ersten flüchtigen Blick scheinen sie recht zu haben, und jährlich werden Tausende von Schülern in diesem Sinne belehrt. Bei näherem Hinsehen entpuppt sich die Evolutionslehre jedoch zu einem philosophischen Denksystem, das in ihren Fundamenten die Naturwissenschaft keineswegs auf ihrer Seite hat. So bleibt z. B. das Phänomen des Geistes und des Bewußtseins ein evolutionistisch, d. h. materialistisch, prinzipiell unlösbares Problem. Der Zoologe *B. Rensch* [67] hat versucht, ein universales Weltbild von der Evolution zu entwerfen. So war er gezwungen, den Elementarteilchen der Materie bereits psychische Eigenschaften zuzusprechen, weil er außer der Materie nichts anzunehmen bereit ist:

> »Nehmen wir nun an, daß Elementarteilchen wie Atome und Moleküle protopsychischer Natur sind, daß also ihre physikalischen und chemischen zugleich ihre protopsychischen Eigenschaften sind, so müssen sich bei der Bildung der hochkomplizierten Eiweißstoffe ganz neue protopsychische Charakteristika ergeben. Diese Auffassung befreit uns von der Schwierigkeit, annehmen zu müssen, daß ... sich irgendwann und irgendwoher etwas immaterielles Psychisches eingestellt und gewissermaßen punktförmig bestimmten Hirnabläufen gesetzmäßig zugeordnet hat.«

Aus der Sicht exakter Naturwissenschaft können wir so etwas nur als Science-fiction bezeichnen. Hier ist der Boden realer wissenschaftlicher Forschungsergebnisse längst verlassen worden, und man tummelt sich auf dem weiten Feld philosophischer Spekulation. Auch das evolutionistische Weltbild *Teilhard de Chardins* trägt nicht die Züge exakter Wissenschaft, sondern ist ein willkürliches Ideenkonglomerat ohne realen Bezug. So ist es ehrlich, wenn der Evolutionist *K. Popper* die Evolution ein *metaphysisches Forschungsprogramm* nennt.

Halten wir fest: *Die Evolutionslehre ist nicht durch Naturwissenschaft begründbar, aber in ihren Grundaussagen allein auf der Basis exakter Wissenschaft widerlegbar.*

Wie sieht es nun mit der Schöpfung aus? Auch diese ist nicht allein aus der Naturwissenschaft begründbar, aber sie steht nirgends im Widerspruch zu ihr. Wer das biblische Zeugnis der Schöpfung in aller Denkkonsequenz ernst nimmt, wird zu dem Ergebnis kommen, daß er hierin die beste Deutung der Natur vorfindet. Darüber hinaus lernen wir einige Denkprinzipien kennen, die uns von den Natur- und Ingenieurwissenschaften her zwar nicht bekannt sind, aber dennoch plausibel erscheinen.

8.1 Schöpfungsdenken: Wissenschaftlich bekannte Prinzipien

Die Schöpfung lehrt einige Denkprinzipien, die uns aus der Alltagserfahrung, aber auch aus den Ingenieur- und Naturwissenschaften geläufig sind, wie z. B.:

(1) Eine Konstruktion bedingt die Idee eines Bauplanes und somit einen Konstrukteur.

(2) Die Qualität einer Erfindung drückt sich in der Zweckmäßigkeit der Problemlösung aus. Ihre Genialität ist ein Hinweis auf den Ideenreichtum des Erfinders.

(3) Jede empfangene Information benötigt einen Sender, der sie auf der Basis eines gemeinsamen Codes übermittelt. Semantische Bezüge (Bedeutungsinhalte) sind der Materie fremd.

(4) Sich selbst überlassene Materie bringt keine Konzeptionen hervor. (Eine Brücke spannt sich z. B. nicht von selbst über einen Fluß, nur weil einige Menschen das jenseitige Ufer erreichen wollen.)

(5) Die Bausteine der Materie haben keine psychischen Eigenschaften, sie planen nicht und können nicht denken. Sie haben

selbst keine eigene Zielvorgabe. Nur ein intelligentes Wesen kann Materie zielorientiert bearbeiten und verarbeiten.

(6) Satz von *Pasteur:* Leben kann nur von Leben abstammen *(omne vivum ex vivo).*

Wie sehr diese grundlegenden Prinzipien durch die Evolutionslehre verbogen werden, hat *J. Cochlovius* [15] in einem Schülerexperiment in bemerkenswerter Weise festgestellt. Er legte den Schülern eine Skizze mit dahingeschütteten Ziegelsteinen vor und fragte nach den Grundvoraussetzungen, die nötig sind, um zu einer Gartenlaube zu kommen. Man einigte sich schnell: Wille, Kraft, Zeit, Idee. Das nächste Bild zeigte ein normales Auto, das aus etwa 10000 Einzelteilen besteht. Auf die Frage, ob zur Fertigung des Autos mehr Wille, Kraft, Zeit und Ideenreichtum nötig seien, ergab sich ein eindeutiges Ja. Das nächste Bild: Eine Mondrakete, aus 10 Millionen Teilen bestehend. Auf die gleiche Frage folgte prompt die gleiche Antwort. Das letzte Bild zeigte ein Fragezeichen mit folgenden Angaben: 15 Milliarden Teile, verbunden mit 500000 km Kabel, 30 Trillionen Arbeits- und Speichermöglichkeiten, Wasserkühlung, Gesamtgewicht 1,5 kg. Nach einigen phantastischen Antworten war die richtige Lösung bald gefunden: *Das menschliche Gehirn!* Die erneute Frage, ob sich die Steine von selbst zu einer Gartenlaube zusammenfügen, das Auto oder die Mondrakete sich selbst bauen können, quittierten die Schüler mit überlegenem Lachen. Nun kam das Verblüffende: »Wenn ihr das Gehirn vergleicht mit Gartenlaube, Auto und Mondrakete, weist es auf einen genialen Erfinder hin, oder kann es sich vielleicht zufällig aus einfachen Nervensystemen emporentwickelt haben?« Nach einigem Hin und Her einigte sich schließlich die Mehrzahl: Das Gehirn kann sich zufällig entwickelt haben!

Ist dies nicht eine merkwürdige Situation? Hier spiegelt sich die an den Schulen gelehrte evolutionistische Denkschizophrenie wider. Die Zweckmäßigkeit in den belebten Systemen wird im Evolutionsdenken zum echten Problem. So schreibt *G. Osche* [62]:

> »Für den Biologen ist die ›Zweckmäßigkeit‹ im Bau der Organismen durchaus ein Problem, eines, das in anderen

> Naturwissenschaften, so in der Physik oder Chemie, in dieser Form gar nicht auftritt... Erst wenn der Biologe auch weiß, daß die Pflanzen mit ihren besonders gestalteten und gefärbten Blüten Insekten als Bestäuber anlocken und dadurch ihre Fortpflanzung sicherstellen, wird ihm das Phänomen Blüte in einem höheren Maße verständlich.«

Nachdem die genannten Prinzipien (1) und (2) bewußt verworfen werden, gerät er zwangsläufig in die folgende Denkfalle:

> »Da wir mit dem Begriff ›zweckmäßig‹ stets eine auf ein Ziel gerichtete, nach einem Plan geordnete Konstruktion kennzeichnen, die von *Darwin* postulierte Auslese jedoch weder nach einem Plan arbeiten, noch ein vorherbestimmtes Ziel haben kann, ist es richtiger, statt von der Zweckmäßigkeit des Baues eines Lebewesens neutral von seinen Anpassungen oder Adaptionen an seine Lebensfunktionen und seine Umwelt zu sprechen.«

Man ist eher bereit, bewährte und an der Erfahrung bestätigte Denkprinzipien zu verwerfen, als den Evolutionsgedanken aufzugeben. Wie können wir solch ein Verhalten geistlich deuten? Die Bibel sagt in Jeremia 10,11: »Die Götter, die Himmel und Erde nicht gemacht haben, müssen vertilgt werden von der Erde und unter dem Himmel.« Den Göttern der Evolution (= Mutation, Selektion, Zufall) werden die bestbestätigten wissenschaftlichen Erfahrungssätze geopfert. Mehr noch: Im Altertum wurden den heidnischen Göttern der Kanaaniter vereinzelt Kinder als Menschenopfer gebracht (5. Mose 12,31). Die heutigen Götter der Evolution verlangen weit größere Opfer: Eine heranwachsende Jugend wird nicht nur im Denken verbogen, sondern noch weit schlimmer ist der geistliche Seelenmord an den Kindern, die nach dieser Beeinflussung kaum noch in der Lage sind, an den lebendigen Gott zu glauben. Die Evolutionstheoretiker stehen heute in hohem wissenschaftlichen Ansehen (Luk 16,15), aber am Ende wird Gott sie richten.

8.2 Schöpfungsdenken: Wissenschaftlich unbekannte Prinzipien

Wer allein von der Naturwissenschaft herkommend diese Welt zu verstehen sucht, stößt bald an Grenzen, die er nicht überwinden kann. Aus der heutigen Erfahrung kennen wir z.B. kein Phänomen, das uns den Ursprung der Materie erklären könnte. Wir wollen darum im folgenden einige Prinzipien kennenlernen, die sich aus dem Schöpfungsverständnis ergeben.

1. Singulärer Punkt der Materie: Die Bibel lehrt uns, daß es bezüglich der Materie dieser Welt einen singulären (lat., *einmalig)* Punkt gibt. Materie ist entgegen marxistischer Philosophie nicht ewig, sondern spontan erschaffen. Erst von einem bestimmten Zeitpunkt an, der in 1. Mose 1,1 mit *»am Anfang«* bezeichnet wird, gibt es überhaupt Materie. Das Schöpfungshandeln Gottes geschah, ohne eine »vorherige« Ausgangssubstanz zu verwenden. Dieser Akt des Hervorrufens aus dem Nichts ist nicht durch Physik oder Chemie erklärbar, sondern nur im Glauben annehmbar (Hebr 11,3). Wir haben somit ein naturwissenschaftlich unbekanntes Prinzip kennengelernt.

2. Singulärer Punkt der Zeit: In unserer wissenschaftlichen Denkweise extrapolieren wir die Zeit von der Gegenwart aus beliebig weit in die Zukunft und auch in die Vergangenheit. Die Bibel lehrt uns hingegen einen Anfang der Zeit und ein Ende der Zeit. *Fragestellungen über Wirklichkeiten, die zeitlich vor ihrem Schöpfungszeitpunkt zu datieren wären, sind darum prinzipiell erfahrungswissenschaftlich nicht erlaubt.* Unsere Physik ist nur in der Lage, den Bereich zwischen Anfangs- und Endmarke der Zeit zu behandeln. Ein einfaches Beispiel soll uns die Problematik verdeutlichen, wenn Fragen nach dem Zustand **vor** einem Anfang gestellt werden. *Bild 17* zeigt die Wachstumskurven unserer Kinder *Carsten* und *Rona.* Durch das Messen der Körpergröße in Abständen von jeweils einem halben Jahr erhielten wir die beiden fast parallel verlaufenden Kurven. Wenn die Kinder uns die Frage stellen, wie groß sie vor einem, vor zwei oder vor zehn Jahren waren, so können wir die Werte genau angeben. Fragt unser jetzt

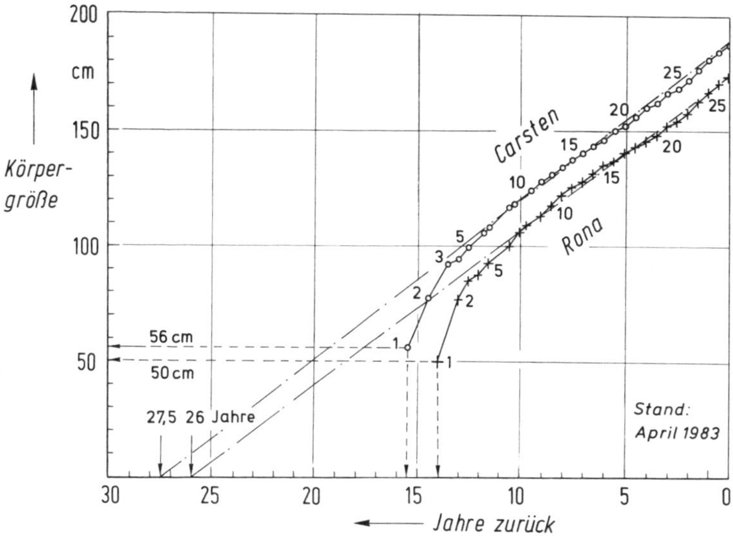

Bild 17: Wachstumskurven der Kinder des Verfassers. Die Körpergröße ist in Abhängigkeit der zurückliegenden Jahre aufgezeichnet.

(Stand: April 1983) 15 Jahre alter *Carsten,* wie groß er vor 15 Jahren war, so können wir dies mit Hilfe des Diagrammes leicht angeben. Für *Rona* ist dieselbe Frage eine unerlaubte Frage, da dieser Zeitpunkt ein Jahr vor ihrer Geburt liegt.

Hieran ist eines deutlich geworden: Bei allen zeitlich zurückliegenden Fragestellungen ist darauf zu achten, daß das Betrachtete überhaupt schon existent war.

Bild 17 kann uns weiterhin dazu verhelfen, falsches Denken im Bereich der Astronomie zu erkennen. Der amerikanische Astronom *E. P. Hubble* entdeckte, daß die Fluchtgeschwindigkeit v von extragalaktischen Sternensystemen mit ihrer Entfernung r gemäß $v = H \cdot r$ linear zunimmt. Darin ist $H = 75$ km/s pro Million Parsec*

* **Parsec** (Parallaxensekunde): Die astronomische Längeneinheit 1 Parsec entspricht der Entfernung, in der die halbe große Achse der Erdbahn um die Sonne unter einem Winkel von 1 Bogensekunde erscheint. 1 Parsec = $3{,}0857 \cdot 10^{13}$ km = 3,262 Lichtjahre.

oder $H = 2{,}43 \cdot 10^{-18}\ s^{-1}$ die sog. Hubble-Konstante. Von diesem momentan gemessenen Wert wird nun in evolutionistischem Sinne einfach der Kehrwert gebildet ($1/H = 4{,}1 \cdot 10^{17}\ s = 13$ Milliarden Jahre) und glaubt damit, das Alter des Universums angeben zu können. Das passiert unversehens, da man unbedacht über den Schöpfungszeitpunkt hinwegextrapoliert. Eine vergleichbare Vorgehensweise wäre es, wenn wir von den letzten Meßpunkten der Körpergröße unserer Kinder ausgehen und diese linear verlängern, bis die Körpergröße 0 cm erreicht ist. Bei einer solchen unerlaubten Vorgehensweise kämen wir zu dem Ergebnis, daß *Carsten* 27,5 und *Rona* 26 Jahre alt sein müßten. Bei der Geburt waren sie aber nicht 0 cm, sondern 56 cm bzw. 50 cm groß. Ebenso fing unser Universum nicht bei Null an, sondern hatte bereits eine »Geburtsgröße« zum Zeitpunkt der Schöpfung. Die Berücksichtigung der biblischen Denkprinzipien der Schöpfung kann uns vor mancherlei wissenschaftlichen Spekulationen bewahren.

3. Schöpfung und Altersanschein: Echte Schöpfung haben wir uns so vorzustellen, daß das Geschaffene im Moment des Daseins bereits die äußeren Merkmale eines gewissen Alters trägt. Die Höhe des »scheinbaren Alters« ist losgelöst vom Schöpfungsvorgang zu sehen; sie ist einzig an unserer heutigen Erfahrung orientiert. Der Einwand mancher Kritiker vom »täuschenden Gott« ist somit allein in unserem falschen Denkansatz begründet. Neu Geschaffenes hat keine Vergangenheit; somit verbieten sich von daher alle Betrachtungen unter Zeitaspekten. An Hand einiger Schöpfungen, die wir uns gedanklich eine Minute nach ihrer »Fertigstellung« vorstellen wollen, kann dies leicht belegt werden:

a) Wein zu Kana: Der auf der Hochzeit zu Kana (Joh 2,1–11) geschaffene Wein würde von einem Weinspezialisten als ein mehrere Jahre alter »Tropfen« eingeschätzt werden (guter Jahrgang!).

b) Adam: Der erste Mensch wurde als »ausgewachsener« Mann geschaffen. Könnten wir ihn unmittelbar nach seiner Erschaffung sehen, so würden wir ihm – ebenfalls aufbauend auf unserer jetzigen Erfahrung – ein Alter von vielleicht 30 Jahren zubilligen.

c) Bäume: Bei einem Einblick in den dritten Schöpfungstag würden wir den hohen Eichen ein hundertjähriges Alter zuordnen.

d) Sterne: Geht man mit einer aktualistischen Denkweise (d.h. Früheres wird unter dem Gesichtspunkt des Gegenwärtigen beurteilt) an die frisch erschaffene Sternenwelt des vierten Schöpfungstages heran, so könnten wir vielleicht eine Alterszuordnung von einigen Milliarden Jahren treffen. Auf den *Seiten 46 bis 50* wurden unter Einwand 4 auf diese Problematik bereits eingegangen.

Nur die jetzt vorliegende Schöpfung kann mit dem Instrumentarium naturwissenschaftlicher Forschung (Messen und Wägen, Experiment, Beobachtung) untersucht werden; dies ist für die sechs Tage des Erschaffungshandelns generell nicht möglich. Die Naturgesetze sind ein grundlegender Bestandteil unserer heutigen Welt und markieren das Erhaltungshandeln des Schöpfers (Kol 1,17). Erst im Schöpfungshandeln während der sechs Tage wurden auch die Naturgesetze installiert: Naturgesetze sind somit nicht die *Voraussetzung*, sondern das *Ergebnis* der Schöpfung. Das Erschaffungshandeln Gottes ist somit nicht mit Hilfe der Naturgesetze erklärbar (das gilt auch für alle späteren Wunder in Raum und Zeit: Brotvermehrung, Auferstehung, u.a.).

Als Modellvorstellung innerhalb der Schöpfungswoche könnte formuliert werden: Nur das bereits fertig Geschaffene läuft bereits innerhalb der Naturgesetze ab, das noch zu Schaffende unterliegt diesen Gesetzmäßigkeiten nicht. Die Erschaffung der fernen Sterne sowie ihre augenblickliche Sichtbarkeit würde danach zum Schöpfungsvorgang selbst zählen. Bei kosmologischen Fragen stoßen wir dennoch laufend an unvermeidbare Denkgrenzen. In diesem Zusammenhang sei auch auf die Unerforschbarkeit der Struktur des Universums verwiesen (Jer 31,37). Wenn die Gedanken Gottes höher sind als unsere (Jes 55,8–9), warum sollten dann all seine Werke verstehbar sein?

8.3 Zusammenfassung

Kehren wir zu unserer am Kapitelanfang gestellten Frage zurück, ob das biblische Schöpfungszeugnis ein wissenschaftliches Erklärungsmodell ist. Die Bibel beschreibt weder die Gesetze der Elektrizitätslehre oder der Atomphysik, noch gibt sie uns die Methode an, nach welcher Schwefelsäure hergestellt wird. Sie ist somit kein Lehrbuch der Physik, der Chemie oder der Biologie. Es ist dem Menschen die Aufgabe zugewiesen, sich die »Erde untertan zu machen« und das heißt u. a. nüchterne Forschung zu betreiben, um die Schöpfung in ihren Geheimnissen kennenzulernen und das Erforschte in guter Nutzanwendung zu gebrauchen. Aus den Wissenschaften heraus gibt es keine Möglichkeit, weltanschauliche Systeme zu entwickeln, Gottesbilder zu entwerfen oder den biblischen Gott zu verwerfen. Wer sich auf diesem Feld betätigt, sollte auch so ehrlich sein und sagen, daß er nun den Bereich der Natur- und Ingenieurwissenschaften weit hinter sich gelassen hat. Die Bibel gibt uns von dem lebendigen Gott her die einzige Deutung, unter der wir die Fakten dieser Welt richtig verstehen können. Sie lehrt uns die Denkprinzipien der Schöpfung, die wir einerseits in den Wissenschaften vorfinden und helfen uns andererseits über jene Barrieren hinweg, bei denen unser eigenes Denken eine unüberschreitbare Grenze erreicht hat.

Manche Fehleinstellungen, insbesondere in den empirischen Wissenschaften (z. B. Biologie, Paläontologie, Geologie), könnten durch die Hinzunahme biblischer Grundinformationen (z. B. Schöpfung, Sündenfall, Sintflut) korrigiert werden und so zum Segen der Menschheit werden. Im zweiten Gebot verbietet uns Gott, eine bildhafte Vorstellung von ihm zu machen, dennoch hat er der Schöpfung derart seinen Stempel aufgedrückt, daß wir durch Schlußfolgerung unmißverständlich auf ihn hingewiesen werden (Röm 1,20). So ist das Schöpfungszeugnis ein notwendiger Deutungsrahmen für die Naturwissenschaft, aber es ist und bleibt gleichzeitig ein Akt des Vertrauens zu Gott und damit des Glaubens.

9. Die »theistische Evolution«*

Im Jahr des 100. Todestages von *Charles Darwin* (1809–1882) zog sich durch die Massenmedien eine weite Spur von Darlegungen, Memoranden und Ehrungen des Mannes, der die Abstammungslehre formulierte. Nach Abbruch eines zunächst begonnenen Medizinstudiums studierte er auf Anraten seines Vaters Theologie (1828–1831). Das Interesse *Darwins* lag jedoch nicht auf diesem Gebiet. Obwohl er keine abgeschlossene naturwissenschaftliche Ausbildung hatte, verhalf er dennoch einer durch die Aufklärung vorbereiteten Idee zu Weltgeltung. Das ist insofern bemerkenswert als er in den Fachgebieten der empirischen Naturwissenschaften als Laie auftrat. Der Erstdruck seines Werkes *»Entstehung der Arten durch natürliche Zuchtwahl«* war schon am Tage des Erscheinens (24.11.1859) vollständig vergriffen. *Darwin* selbst war kein Verfechter seiner Idee, sondern eher zögernd und unsicher, aber von Anfang an hatte er zwei heftige Verteidiger: *T.H. Huxley* (1825–1895)in England und *E. Haeckel* (1834–1919) in Deutschland. *Beide sahen in Darwins* Gedanken die Grundlage für ihre atheistische Weltanschauung und erhoben sich zu kämpferischen Wortführern gegen die biblische Lehre. Als 70jähriger wurde *Haeckel* von Freidenkern unter den Ruinen der Kaiser-Paläste auf dem Palatino zu Rom zum Gegenpapst ausgerufen. Diesen Titel nahm er mit großer Freude an [34]. Wie aber stand *Darwin* selbst zum Glauben? Seine Frau Emma formulierte pointiert: »Er glaubte nicht an Gott, aber Gott glaubte an ihn.«

Der Widerspruch zwischen Evolutionslehre und biblischem

* In Kurzfassung erschien dieses Kapitel erstmals im Informationsbrief Nr. 92 (Juni 1982) der Bekenntnisbewegung *»Kein anderes Evangelium«*. Die Herausgeber mehrerer christlicher Zeitschriften sowie von Schülerzeitungen und Gemeindeblättern wandten sich an den Verfasser mit der Bitte um Abdruckerlaubnis. Dies zeigt an, wie sehr gerade bei dieser Thematik ein klärendes Wort gesucht wird. In der Zeitschrift *»factum«* erschien in Heft 9 (September 1982) der gesamte Aufsatz. In dem Taschenbuch »Schuf Gott durch Evolution?« [29 a] wurde diese Thematik ausführlich behandelt.

Schöpfungsglauben ist nie überbrückt worden, auch wenn es immer wieder Leute gibt, die sich zu einer doppelten Buchführung entschließen. Das Zwittergebilde der sogenannten *theistischen Evolutionslehre* gibt sich den Anschein, eine Lehre sowohl der Wissenschaft als auch des Glaubens zu sein. Die Anhänger dieser Lehre verweisen auf Toleranz und Liebe, wenn man ihnen widerspricht und sie bestätigen, daß sie doch auch an Gott glauben. Man dürfe die Bibel doch nicht so eng sehen. Wichtig sei nur, daß man Gott zur letzten Ursache erklärt; auf das *»Wie«* und sonstige Einzelheiten komme es doch gar nicht an. Auch unter bibeltreuen Gläubigen stellt sich angesichts solcher Klänge die Frage, ob man auf einen solchen Kompromiß eingehen kann. Im folgenden wollen wir durch eine Gegenüberstellung grundsätzlicher Aussagen sowohl der Bibel als auch durch Vertreter der theistischen Evolutionslehre darauf eine Antwort geben. Es werden bewußt zahlreiche Zitate angegeben, damit der Leser leicht zu eigenen Schlußfolgerungen kommen kann.

9.1 Atheistische Evolution

Die Evolutionslehre in ihrer atheistischen Grundform könnte man auf die kurze Formel bringen:

Evolution = Zufall + Mutation + Selektion + sehr lange Zeiten

Danach soll alles Leben bis hin zum Menschen durch *»Selbstorganisation der Materie«* entstanden sein. Dieses Gedankengebäude kommt aber zuweilen den engagiertesten Vertretern dieser Lehre unrealistisch vor. So sagte der Biochemiker *Ernest Kahane*: »Es ist absurd und absolut unsinnig zu glauben, daß eine lebende Zelle von selbst entsteht; aber dennoch glaube ich es, denn ich kann es mir nicht anders vorstellen.« Auch *David Attenborough*, der einen Bestseller über Evolution schrieb, ist im Vorwort seines Buches *»Das Leben auf unserer Erde«* sehr ehrlich, wenn er schreibt [2]:

> »Bei der Beschreibung der Folgen dieses Prozesses (der Evolution) wird nur zu leicht eine Ausdrucksweise ver-

wendet, die die Vorstellung erweckt, als wären die Tiere selbst bestrebt gewesen, auf zweckgerichtete Weise eine Veränderung herbeizuführen – als hätten die Fische an Land gehen und ihre Flossen in Beine umgestalten *wollen,* als hätten Reptilien den *Wunsch* gehabt zu fliegen und deshalb danach getrachtet, ihre Schuppen in Federn zu verwandeln, so daß sie zu guter Letzt Vögel wurden. Es gibt nicht den geringsten konkreten Beweis für eine derartige Annahme.«

9.2 Evolution und Naturwissenschaft

Die Evolutionslehre wurde zu einer Zeit aufgestellt, als moderne naturwissenschaftliche Erkenntnisse aus den Bereichen Informatik, Molekularbiologie, Genetik, Physik, Molekularchemie, Ontogenese u.a. noch gar nicht vorlagen. Aus der Sicht dieser Fachgebiete ist die Evolutionslehre nicht mehr haltbar; wir haben dieses Gedankengebäude angesichts des vorliegenden Faktenmaterials völlig zu verwerfen.

Evolution – eine Hypothesenreihe:
Von Vertretern der Evolutionslehre wird dennoch immer wieder der Eindruck erweckt, als würde diese Anschauung durch die Hinzunahme immer weiterer Einzelhypothesen mehr und mehr gestützt. Das Gegenteil ist jedoch der Fall, wie im folgenden erläutert wird. So gibt es inzwischen eine wohl von niemandem mehr zu überschauende Anzahl von Einzelhypothesen, die man wegen des zeitlichen Nacheinanders der postulierten Teilereignisse systemtheoretisch als Reihenschaltung aufzufassen hat. Da jede Einzelhypothese H_i naturgemäß nur eine bestimmte Wahrscheinlichkeit $0 \leq w_i \leq 1$ hinsichtlich ihrer Richtigkeit hat, ergibt sich für die Gesamthypothese H der Wahrscheinlichkeitswert zu

$$W = w_1 \cdot w_2 \cdot w_3 \ldots w_n. \qquad (1)$$

Dabei ist zu beachten:

(1) Die Wahrscheinlichkeit $W = W_n$ der Gesamthypothese $H = H_n$ (vgl. *Bild 18)* nähert sich mit der Anzahl n der Einzelhypo-

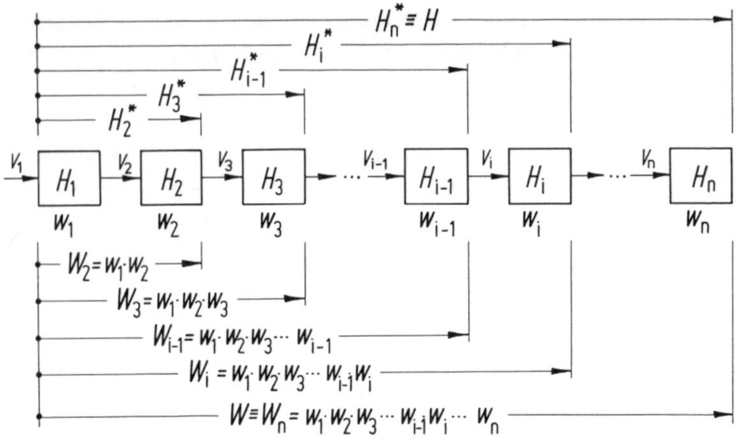

Bild 18: Zusammenhänge in einer Hypothesenkette.
H_i i-te Teilhypothese,
V_i i-te Voraussetzung,
w_i i-te Teilwahrscheinlichkeit für Block i,
W_i Wahrscheinlichkeit für das durch Block i beschriebene hypothetische Ereignis,
H Gesamthypothese, bestehend aus n Teilhypothesen,
W Wahrscheinlichkeit für die Gesamthypothese.

thesen entsprechend dem Produkt nach Gl. (1) asymptotisch dem Wert Null. H wird also mit zunehmendem n immer unwahrscheinlicher.

(2) Mit Kleinbuchstabe w_i bezeichnen wir die Teilwahrscheinlichkeit der Hypothese H_i irgendeines Blockes i. Nur unter der Bedingung, daß die Voraussetzungen V_i voll erfüllt sind, d. h. $w(V_i) = 1$, ist w_i auch die Wahrscheinlichkeit für das betrachtete Teilereignis. Maßgebend für die Wahrscheinlichkeit des Auftretens des durch die Hypothese H_i beschriebenen Vorgangs ist nicht w_i, sondern die Gesamtwahrscheinlichkeit (Großbuchstabe W) der Kette von H_1 bis H_i, und dieser Wert ergibt sich zu $W_i = w_1 \cdot w_2 \cdot w_3 \ldots w_{i-1} \cdot w_i$. Der Wert W_i ist kleiner bzw. erheblich kleiner als w_i ($W_i < w_i$ bzw. $W_i \ll w_i$).

(3) Beim Umgang mit Hypothesen unterläuft zahlreichen Autoren **ein** Fehler besonders häufig: Es wird zu leicht übersehen, daß eine betrachtete Hypothese häufig nur eine Teilhypothese H_i in einer meist langen Hypothesenkette H_i^* ist. Wenn man sich überhaupt die Mühe macht, eine Wahrscheinlichkeit für die betrachtete Hypothese anzugeben, so wird meist nur die Teilwahrscheinlichkeit w_i des i-ten Blockes (vgl. *Bild 18)* genannt. Die Wahrscheinlichkeit für die Richtigkeit des mit H_i postulierten Ereignisses ist jedoch nicht w_i – das gilt nur für den ersten Block H_1 der Kette –, sondern sie ist an Voraussetzungen V_i geknüpft, die ihrerseits nur mit einer bestimmten Wahrscheinlichkeit gelten. Für den i-ten Block sind die Voraussetzungen V_i nur mit der Wahrscheinlichkeit $W_{i-1} = w(V_i) = w_1 \cdot w_2 \cdot w_3 \ldots w_{i-1}$ erfüllt.

(4) In manchen Fällen können die Einzelwahrscheinlichkeiten sogar angegeben werden und liegen bei so extrem niedrigen Werten wie $w_i < 10^{-1000}$ *(B. Vollmert* [80]).

(5) Ist nur eine einzige Teilhypothese als erforderliches Kettenglied der Gesamthypothese falsch, d. h. $H_i = 0$, so ist wegen der Produktbildung auch die Gesamthypothese falsch: $w(H_n^*) = w(H) = 0$.

(6) Die obigen Aussagen bleiben auch dann gültig, wenn es gelingen sollte, irgendeine Teilwahrscheinlichkeit mit $w_i = 1$ zu belegen.

In der Tat hat sich nicht nur eine, sondern es haben sich zahlreiche Einzelhypothesen als falsch erwiesen, d. h. $w_i = 0$. **Somit kann die Schlußfolgerung nur lauten:** *Aus der Kenntnis des heute vorliegenden naturwissenschaftlichen Faktenmaterials ist Evolution prinzipiell nicht möglich.*

Wie kommt es nun, daß diese Lehre immer noch vertreten wird? Die Antwort hat uns der bekannte Wissenschaftstheoretiker *Karl Popper* gegeben. Er hat deutlich gemacht, daß die Evolutionslehre gar keine wissenschaftliche Theorie ist, sondern daß wir es hier mit einem »Glauben« zu tun haben [31]: »Ich bin zu dem Schluß gekommen, daß der Darwinismus keine testfähige wissenschaftliche Theorie ist, sondern ein metaphysisches Forschungsprogramm.« Diese Äußerung ist insofern beachtlich, als *Popper* selbst die Evolutionstheorie vertritt.

Darwins Bekenntnis zu seiner Jugend erhält heute eine schicksalhafte Richtigkeit auch für seine Lehre [34]: »Ich will hier auch bekennen, daß ich als kleiner Junge sehr geneigt war, unwahre Geschichten zu erfinden, und zwar geschah dies immer zu dem Zwecke, Aufregung hervorzurufen.«

So sind die kühnen Behauptungen der Evolutionsvertreter naturwissenschaftlich leicht widerlegbar. In seinem Aufsatz *»Ich sehe sie«* nennt *Illies* [43] *ein* Beispiel als Beleg seiner Evolutionsanschauung: »Aus dem Bernstein, einer 40 Millionen Jahre zurückliegenden Zeit, kennen wir die Insekten der damaligen Wälder fast so gut wie die der heutigen. Und ich kann als Fachmann versichern: keine der Tausenden von damaligen Arten lebt heute noch.« Nun, das was *Illies* uns so fest versichert, kann der Paläontologe *J. Scheven* mit seiner eigenen Sammlung sofort widerlegen [74]: »Mit Erstaunen las ich, daß keine der nach Tausenden zählenden Tierarten in Bernstein heute noch lebe. Prof. *Illies* irrt sich. Aus dem Baltischen Bernstein waren bereits bis 1965 fünf einwandfrei rezente Insektenarten bekannt, die ich in meinem Buch (Wort und Wissen, Bd. 2) aufgeführt habe . . . In meiner eigenen Bernsteinsammlung befindet sich ein *Thermobius,* ein *Tarsenspinner* und eine *Zoraptere,* die auch Kollege *Illies* nicht von entsprechenden Rezenten unterscheiden würde.« So schmelzen die mit Vehemenz vorgetragenen Evolutionsargumente bei näherem Hinsehen angesichts des Faktenmaterials in ein Nichts zusammen.

9.3 Theistische Evolution auf biblischem Prüfstand

Nun sind einige Evolutionisten auf folgende Idee gekommen: Wenn Evolution im Rahmen der Naturgesetze nicht möglich ist, dann müssen wir die obige Formel durch Hinzunahme eines

Gottes erweitern, der all das als *»ordnendes Prinzip«* übernimmt, was der Zufall nicht schafft. Die neue Formel heißt dann:

Theistische Evolution = Zufall + Mutation + Selektion + sehr lange Zeiten + Gott

Die Verfechter dieser Lehre (z. B. *Teilhard de Chardin, W. Schaaffs, J. Illies, C. F. v. Weizsäcker, Hoimar v. Ditfurth)* haben auch Anhänger in den christlichen Gemeinden gefunden, zumal sie mit christlichem Vokabular umgehen und eine verlockende Lösung anbieten, die auf den ersten Blick eine Synthese zwischen der nun einmal verbreiteten Evolutionslehre und einem Gott als Verursacher aller Dinge erlaubt. Dieser Lehre sollten aber jene, die auf die Wahrheit des Wortes Gottes bauen, in aller Entschiedenheit gegenübertreten. Auch der Koran hat viele Bezüge zur Bibel: Es ist dort die Rede von einem unsichtbaren Gott, von JESUS, von *Mose, Abraham* und *Isaak* und auch von Himmel und Hölle. Trotz dieser biblisch bekannten Vokabeln ist der Koran eine gewaltige Entstellung der Bibel.

Genau so muß man die Lehre der theistischen Evolution, mit einem Gott in diesem System, als eine Entstellung der biblischen Botschaft einstufen. Dieser Gott wird nicht einheitlich dargestellt, sondern nimmt teils pantheistische Züge an (wie z. B. bei *Hoimar v. Ditfurth*), teils kleidet er sich in das Gewand des biblischen Gottes, aber mit veränderter Wesensart. Hier hat sich der Mensch einen Gott nach seinem Bilde gemacht, nämlich einen Gott, der zu dem bereits vorhandenen Lehrgebäude der Evolution paßt. Selbstgemachte Götter bezeichnet die Bibel als Götzen. Bei dem Gott der theistischen Evolution handelt es sich offenbar um einen anderen Gott als um den Gott der Bibel, auch wenn die Identität immer wieder betont wird. Die theistische Evolutionslehre benötigt einen Gott, der mit dem Zeitgeist der Evolution konform läuft und seine Werke nach den Prinzipien des Neodarwinismus zu verrichten hat. Im Lichte der biblischen Offenbarung erweist sich dieses Ideengebilde jedoch als Irrlehre. Sie ist dadurch gekennzeichnet, daß sie

– dem Gott der Bibel die Ehre nimmt (Jes 42,8),

– dem Worte Gottes gegenüber den Gehorsam verweigert, indem
- unverzichtbare Grundwahrheiten der Bibel auf den Kopf gestellt werden und
- biblische Aussagen für unzulänglich erklärt werden.

Den »Evolutionsgott« möchten manche mit dem Schöpfergott der Bibel gleichsetzen; so sagt *J. Illies* [43] z. B.: »Wo sind also die Gegensätze zwischen biblischer Schöpfungsgeschichte und naturwissenschaftlicher Evolutionslehre, wenn man sie nicht künstlich herbeiredet?« Diese Antwort kann sehr leicht gegeben werden. Wir wollen verschiedene Aspekte gegenüberstellend betrachten, wobei die biblische Aussage vorangestellt wird und die Position der theistischen Evolution folgt. So kann man leicht prüfen, daß eine Fusion der beiden Gedankenarten unmöglich ist.

9.3.1 Herkunft des Menschen

Bibel: Der Mensch hatte keine tierischen Vorfahren, sondern er ging direkt aus der Hand Gottes hervor. Die Geschichte des Menschen begann mit einem *ersten* Menschen. Der Mann wurde zuerst geschaffen, dann die Frau.

1. Mose 1,27: »Und Gott schuf den Menschen ihm zum Bilde, zum Bilde Gottes schuf er ihn; und schuf sie einen Mann und ein Weib.«

1. Korinther 15,45: »Der *erste* Mensch, *Adam,* ward zu einer lebendigen Seele.«

1. Timotheus 2,13: »Denn *Adam* ist am *ersten* gemacht, danach *Eva.*«

Theistische Evolution: Des Menschen Stammbaum reicht weit ins Tierreich zurück und stellt den derzeitigen Höhepunkt der Evolution dar mit der Kette: Ursuppe → Urschleim → Urzelle. Aus Einzellern wurden dann Mehrzeller → Würmer → Fische → Lurche → Reptilien → Säugetiere → Halbaffen → Affen → Menschenaffen → Urmenschen → Menschen.

Zitate: »Auf dem Höhepunkt dieser Evolution ... entsteht der Mensch, genauer der noch tierische Vormensch, oder wie immer wir dieses Lebewesen nennen wollen, das in einem einige Millionen Jahre dauernden ›Tier-Mensch-Übergangsfeld‹ zu dem unwahrscheinlichsten, unvorhersehbarsten aller Entwicklungsschritte ansetzt: zu der Menschwerdung« *(J. Illies, Universitas* 33, S. 1171).

»In der geheimnisvollen Brodelküche der Ursuppe bereitet sich ... das große Ereignis des höheren Lebens vor« *(J. Illies* [42]).

9.3.2 Beginn der Menschheit

Bibel: Der Start der Menschheit mit der Erschaffung eines ersten Menschen, des Mannes *Adam,* wird besonders herausgestellt: »Und Gott der Herr machte den Menschen aus einem Erdenkloß, und er blies ihm ein den lebendigen Odem in seine Nase. Und also ward der Mensch eine lebendige Seele« (1 Mo 2,7). Gott stellt dann das *Alleinsein* dieses *ersten* Menschen fest mit dem Ziel, ihm eine Frau zu schaffen: »Es ist nicht gut, daß der Mensch allein sei; ich will ihm eine Gehilfin machen, die um ihn sei« (1 Mo 2,18). Auch im Neuen Testament finden wir diese Tatsache bezeugt: »Denn *Adam* ist am *ersten* gemacht, danach *Eva«* (1 Tim 2,13). *Adam* und *Eva* wurden direkt geschaffen; alle anderen Menschen sind durch Geburt in diese Welt gekommen. Somit ist *Eva* die (Stamm-)»Mutter aller Lebendigen« (1 Mo 3,20).

Zitat: »Der Ungedanke des Aufstieges des Menschen aus dem Tierreich läßt das Festhalten an einem ersten vor Gott verantwortlichen Menschenpaar nicht zu« *(H. W. Beck* [9]).

Theistische Evolution: Nach dieser Lehre wird die biblische Lehre vom ersten Menschenpaar für falsch erklärt und durch evolutive Vorstellungen ersetzt.

Zitate: »Wo nehmen denn *Henoch, Irad, Mehujael, Methusael* und *Lamech* ihre Frauen her? Auch die Biologie kann es nicht deutlicher machen, daß am Anfang des Menschengeschlechts *kein einzelnes Menschenpaar* gestanden hat« *(W. Schaaffs* [71]).

»Und man darf nicht aus der Tatsache, daß alle Menschen sündig geworden sind, schließen, daß sie alle biologisch von einem Menschen abstammen« *(W. Schaaffs* [71]).

9.3.3 Herkunft der menschlichen Sprache

Bibel: Bereits der erste Mensch, *Adam,* war von Gott mit der voll ausgebildeten Gabe der Sprache ausgerüstet. Er war dialogfähig im Umgang mit der artikulierbaren Sprache (1 Mo 2,23; 1 Mo 3,2 + 10 + 12 + 13) und hatte die Fähigkeit der Wortschöpfung: 1. Mose 2,20: »Und der Mensch gab einem jeglichen Vieh und Vogel unter dem Himmel und Tier auf dem Felde seinen Namen.« Wegen der Hochmutshaltung der Menschen beim Turmbau zu Babel gab Gott das Gericht der Sprachverwirrung. Wir stellen fest, daß die alten Sprachen (Griechisch, Lateinisch) im Vergleich zu den modernen (z. B. Englisch) eine viel differenziertere Grammatik hatten.

Theistische Evolution: Die Sprachentstehung ist ein evolutionärer Vorgang, von simplen »Urlauten« des Tierreichs aufsteigend, immer komplizierter werdend bis hin zur menschlichen Sprache.

Zitat: »Die Fülle der Tausende von Sprachen und Dialekten zwingt uns zu der Einsicht, daß hier ... eine Aufsplitterung aus gemeinsamen Wurzeln vor sich ging, also eine Evolution, die notwendig einen Nullpunkt, einen Anfang gehabt haben muß« (*J. Illies* [40]).

9.3.4 Vollendete Schöpfung oder stammesgeschichtliche Entwicklung der Arten?

Bibel: Alle Grundtypen der Lebewesen, einschließlich des Menschen, sind durch direkte Schöpfungsakte Gottes innerhalb der im 1. Buch Mose beschriebenen Schöpfungswoche geschaffen. Die Schöpfung war damit eine in sich *fertige und vollendete.* Alle biologischen Änderungen, die seitdem aufgetreten sein mögen, haben nur zu Veränderungen innerhalb der ursprünglichen Arten geführt.

1. Mose 2,2: »Und also *vollendete* Gott am siebenten Tage seine Werke, die er machte, und ruhte am siebenten Tage *von allen seinen Werken,* die er machte.«

Hebräer 4,3: »Nun waren ja die Werke *von Anbeginn* der Welt *fertig.«*

Theistische Evolution: Der gesamte Kosmos, unsere Erde und alles Leben beruhen auf einer äußerst langsamen Höherentwicklung vom Einfachen zum Komplexen hin, vom wenig Strukturierten zum höher Strukturierten, vom Unbelebten zum Belebten, von niederen Lebensstufen zu höheren hin. Die Lebewesen organisieren sich in einer stammesgeschichtlichen Entwicklung immer höher hinauf bis zum Menschen.

Zitate: »Nicht länger lassen sich Mensch und Tier als . . . in sich vollendete Geschöpfe eines paradiesischen Sechstagewerkes verstehen, sondern die Arten entstanden in langen Epochen der Erdgeschichte nacheinander, sich vervollkommnend und wandelnd, aussterbend oder neu abzweigend aus einem Strom aufwärts gerichteter, auf immer höhere organisatorische Vollkommenheit zielender lebender Materie, schließlich sich zur heutigen Formenvielfalt entwickelnd« *(J. Illies* [40]).

»Wir haben uns nicht nur damit abgefunden, vom Affen abzustammen, sondern wir haben *die ganze Wirklichkeit der Evolution begriffen« (J. Illies* [39]).

9.3.5 Herkunft und Wesen des Todes

Bibel: Der Tod ist ein Feind (1 Kor 15,26) dieser Schöpfung, der als Folge der Sünde des ersten Menschenpaares Einzug in diese Welt hielt. Sünde und Tod verhalten sich wie Ursache und Wirkung.

Römer 6,23: »Der Tod ist der Sünde Sold.«

Jakobus 1,15: »Danach, wenn die Lust empfangen hat, gebiert sie die Sünde; die Sünde aber, wenn sie vollendet ist, gebiert sie den Tod.«

Theistische Evolution: Der Tod ist eine *notwendige Voraussetzung* für die Höherentwicklung des Lebens und für die Beseitigung des evolutiven Mülls. Ohne den Tod gäbe es uns Menschen nicht. Die Fortschritte der Evolution werden mit Leichen und Tod erkauft.

Zitate: »Denn wenn die Individuen nicht stürben, so gäbe es keine Evolution, so gäbe es nicht neue Individuen anderer Eigenschaften. Der Tod der Individuen ist eine Bedingung der Evolution« (*C. F. v. Weizsäcker* [82]).

»Das Sterben ist in der Natur draußen nicht eine Folge ... eines Abfalles von Gott, sondern eine weise planmäßige Einrichtung des Schöpfers« (*W. Schaaffs* [71]).

9.3.6 Schöpfungsprinzipien und Evolutionsfaktoren

Bibel: Die gesamte belebte und unbelebte Welt ist durch das schöpferische Wort Gottes (Hebr 11,3), durch seine Kraft (Jer 10,12), durch seine Weisheit (Jer 10,12) und nach den Prinzipien seiner Wesensart (Barmherzigkeit, Liebe) in 6 Kalendertagen (2 Mo 20,11) aus dem Nichts geschaffen.

Theistische Evolution: In einem milliardenjahrelangen evolutiven Prozeß hat Gott unter Verwendung von Tod, Leid und Schmerzen die Mechanismen Mutation und Selektion zu einer allmählichen Höherentwicklung benutzt.

Zitat: »Mutationen als Urquellen der Evolution offenbaren sich erst in den Nachkommen, und erst bei diesen vermag die Selektion mit ihrem Wirken zu beginnen ... Mit diesen Mutationen im Erbteil kommen die Lebewesen in das Fegefeuer der Umwelt und erleiden dort eine Zuchtwahl« (*W. Schaaffs* [71]).

9.3.7 Zukunftserwartung

Bibel: Das Wort Gottes markiert diese Welt nicht als eine sich immer höher entwickelnde und besser werdende, sondern als eine vergängliche (Röm 8,21) und vollständig vergehende Welt (Mt 24,35). Wir gehen auf die Wiederkunft JESU zu und auf eine völlig neue Schöpfung ohne Sünde, ohne Leid und ohne Tod (Offb 21, 1–5).

Theistische Evolution: Der Evolutionsprozeß geht weiter und mündet ein in die merkwürdigsten Utopien (z. B. Punkt »Omega« bei *T. de Chardin).*

Zitat: »Da sich kein Grund für die Annahme finden läßt, daß die Evolution nach vier Milliarden Jahren gerade heute, nach der Hervorbringung des Menschen in seiner jetzigen Gestalt, zum Stillstand gekommen wäre, haben wir uns als die Neanderthaler der Zukunft anzusehen« (*H. v. Ditfurth* [18]).

9.3.8 Stellung zur Bibel

Bibel: An zahlreichen Stellen der Heiligen Schrift wird uns die Einstellung deutlich gemacht, die wir zu dem Wort Gottes haben sollen: Dieses Wort *ist* Wahrheit und bedarf keiner Korrektur, darum können wir allen Aussagen vertrauen und sie im Glauben und Gehorsam gerne annehmen. JESUS ermahnt uns dazu, daß wir in diesem Wort fest gegründet sein sollen (Mt 7,24-27; Mt 22,29; Joh 5,47).

Die folgenden Zitate sollen uns eine hilfreiche Ausrichtung geben:

4. Mose 23,19:	»Gott ist nicht ein Mensch, daß er lüge.«
Psalm 93,5:	»Dein Wort ist eine rechte Lehre.«
Psalm 119,160:	»Dein Wort ist nichts denn Wahrheit.«
Sprüche 30,5:	»Alle Worte Gottes sind durchläutert.«
Matthäus 24,35:	»Himmel und Erde werden vergehen; aber meine Worte werden nicht vergehen.«
Johannes 14,23:	»Wer mich liebt, der wird mein Wort halten.«
Jakobus 1,21:	»Nehmet das Wort an mit Sanftmut, das in euch gepflanzt ist, welches kann eure Seelen selig machen.«
1. Samuel 15,23:	»Weil du nun des Herrn Wort verworfen hast, hat er dich auch verworfen.«
Hosea 4,6:	»Denn du verwirfst Gottes Wort, darum will ich dich auch verwerfen.«
Johannes 8,47:	»Wer von Gott ist, der hört Gottes Worte; darum höret ihr nicht, denn ihr seid nicht von Gott.«

Theistische Evolution: Für die Anhänger dieser Lehre wird die Bibel zu einem beliebig manipulierbaren Buch, dessen Aussagen man solange drehen, wenden, verbiegen, korrigieren oder gar für unzulänglich erklären darf bis sie in das eigene Ideenkonglomerat passen. Im Umgang mit der Bibel stoßen wir auf verschiedene Varianten:

(1) Der Bibel wird ihre Autorität und Verbindlichkeit abgesprochen, so daß man auf diese Weise seinem evolutiven Denken Raum geben kann.
(2) Unter Berufung auf die Bibel werden zentrale Aussagen im Sinne der Evolutionslehre semantisch umgedeutet.

Zitate (1): »Mit dem Korrekturfaktor 1 : 365000 (für die Schöpfungstage) käme man übrigens auf zwei Milliarden Jahre, was der Wahrheit schon viel näher kommt« (*J. Illies, DAS* vom 7. 5. 78).

»Vor allem die Sintflut muß in diesem Sinne – also nicht als geologisches, sondern als metaphysisches Ereignis – ernst genommen werden. Dies besonders, weil sie gemeinsames Mythengut aller alten Völker ist« (*J. Illies* [41]).

Zitate (2): K. Claeys schreibt in der Einleitung seines Buches [14] Sätze, denen wir nur zustimmen können, wenn er z.B. die Notwendigkeit betont, »den Einfluß menschlicher Gedankenkonstruktionen, ... kurz, aller menschlichen Deutungsversuche auszuschalten.« Leider bleibt er diesem Vorsatz nicht lange treu, wenn er dann doch eine widersprüchliche Mischung von Evolution und Christologie darbietet. Die folgenden Zitate zeigen auch hier eine philosophische Flickschusterei, die entgegen dem Buchtitel weder naturwissenschaftlich noch biblisch begründbar ist [14]:

»Ziel der Evolution: Das Weltall wird in Christus zusammengefaßt werden.«

»Die Weiterführung der Evolution besteht nun darin, daß die Kreatur durch Christus der göttlichen Natur teilhaft wird (2 Petr 1,4) und somit eine weitere Entfaltung bzw. ein weiteres Wachstum in ihr ermöglicht.«

»Die Evolution verläuft somit über die Menschheit und zwar durch den Menschen Jesus Christus.«

Wenn der »Evolutionsgott« im Denksystem der theistischen Evolution mit dem Gott der Bibel gleichgesetzt wird, so führt das

- zur Verleugnung der Kraft Gottes,
- zur Verleugnung der Weisheit Gottes,
- zur Verleugnung der Allmacht Gottes,
- zur Verleugnung der Wesensart JESU,
- zum Ungehorsam gegenüber dem Wort Gottes,
- zur Umdeutung zentraler biblischer Wahrheiten,
- zur Bibelkritik und damit zur Entleerung biblischer Aussagen,
- zum willkürlichen Umgang mit der Schrift,
- zur Vertrauenslosigkeit gegenüber dem offenbarten Wort Gottes.

Wir freuen uns, daß wir unserem Gott *glauben* dürfen, *was er sagt.* Wir haben einen großen Gott, der in sechs Tagen alles geschaffen hat. Diese Ehre wollen wir unserem Gott durch kein Philosophiesystem nehmen.

Den Geist des Marxismus durchschauen wir leicht; durchschauen wir genau so leicht den Geist der theistischen Evolutionslehre? Wir wollen nun zwei Zitate *A* und *B* verschiedener Zeitgenossen aufeinander folgen lassen, wobei beiden gemeinsam ist, daß sie sich mit Entschiedenheit gegen den biblischen Schöpfungsglauben wenden. Die Wörter *»Fundamentalismus«, »Kreationismus«* und *»Sektierer«* verwenden sie als Schimpfworte gegen Leute, die am biblischen Gesamtzeugnis festhalten. Wenn jemand dem Wort Gottes treu bleibt und nicht im Horn der Evolution mitbläst, der ist ihnen *»ein Stein des Anstoßes und ein Fels des Ärgernisses«:*

A: »Der Kampf um den Evolutionsgedanken ist wieder in Gang gekommen. In den USA befinden sich... protestantische Fundamentalisten... im Gegenangriff, um den Darwinismus wieder durch den Kreationismus zu verdrängen. In ihrer ›Schöpfungswissenschaft‹ behaupten sie, daß die Beschreibung von der Erschaffung der Welt und der Lebewesen, die in der Bibel gegeben ist, in allen Einzelheiten buchstäblich wahr sei... Auch außerhalb der USA werden kreationistische Schriften solchen Inhalts angeboten, zum Beispiel ›Die Naturwissenschaften kennen keine Evolution‹ von *A. E. Wilder-Smith.*«

B: »Die Grundaussage der Abstammungslehre, der Artenwandel, ist mitsamt der darwinistischen Beobachtung über den Weg, ... einfach ein Faktum, dem nur verbohrte Fundamentalisten aus dem Lager der Zeugen Jehovas noch widersprechen ... Die Frage Evolutionist oder Kreationist, wie sie leider mit sektiererischem Eifer bei *A. E. Wilder-Smith* und seinen Anhängern geschieht, die ständig mit Argumenten gegen den Darwinismus in die falsche Richtung schlagen, nämlich gegen die Abstammungslehre.«

Bei näherer Betrachtung von *A* und *B* stellen wir fest:

- Beide Autoren setzen sich mit *derselben Thematik* auseinander.
- Beide Texte sind offenbar aus ein und *demselben Geist* heraus geschrieben worden, der jedoch nicht der Geist JESU ist (Kennzeichen des Geistes JESU: Er bestätigt vorbehaltlos die Schrift wie z. B. in Mt 21,42; Mt 22,29; Mt 26,56; Joh 10,35; Joh 13,18).
- Text *A* klingt gegenüber Text *B* noch gemäßigter.

Nun kommt das, womit wir wohl kaum rechnen: Text *A* stammt von einem marxistischen Philosophen [53] *(Zentralinstitut für Philosophie)*, dessen Position uns nicht überrascht, Text *B* hingegen von einem theistischen Evolutionisten [41], und das stimmt uns traurig. Diese Textbeispiele sollen uns helfen, die Geister der Zeit zu unterscheiden (1 Kor 12,10). In Anlehnung an 1. Korinther 1,23 sind diejenigen, die am Schriftbekenntnis (Apg 24,14) festhalten, *den Marxisten ein Ärgernis und den theistischen Evolutionisten eine Torheit.*

9.4 Die Widersprüchlichkeit theistischer Evolution

Wer sich mit den Publikationen der Anhänger der theistischen Evolution einmal befaßt, wird auf sehr viel Widersprüchliches in ihren Gedankengängen stoßen. Das trifft sowohl für die einzelne Person als auch für die Vertreter dieser Lehre untereinander zu. So gibt es kein einheitliches Lehrgebäude der theistischen Evolution, sondern wegen der unterschiedlichen philosophischen Ausgangspositionen auch z. T. weit divergierende und sich einander widersprechende Auffassungen. In *Bild 19* werden die Informationsquellen der drei Anschauungen über Herkunftsfragen dieser Welt und des Lebens veranschaulicht [25]. Kennzeichnend für die theistische Evolutionslehre ist die starke Bindung an Philosophiesysteme und in der Regel eine nur sehr lockere Bindung an die Bibel. Es ist bemerkenswert, daß ein so vielversprechendes Buch mit dem Titel *»Schöpfung oder Evolution«* [41] nahezu ohne jedes Bibelzitat auskommt. So ist es nicht verwunderlich, wenn diejenigen, die dem Worte Gottes in vollem Vertrauen gegenüberstehen, als *»verbohrte Fundamentalisten«* und *»Sektierer«* abgestempelt werden, und wer dann noch an der *»Sechstagefrist der Schöpfung«* festhält, dem bescheinigt man, daß er *»zu einer echten Gefahr«* wird. Wir empfinden die theistische Evolutionslehre als eine sehr bedauerliche Erscheinung unserer Zeit, denn *»um ihretwillen wird der Weg der Wahrheit verlästert«* (2 Petr 2,2).

C. F. v. Weizsäcker gibt zu, daß keinerlei Beweise für die Evolution existieren, aber dennoch bleibt er fest davon überzeugt [81]: »Wir besitzen keine positiven Beweise für den anorganischen Ursprung des Lebens oder die tierische Abstammung des Menschen, ja wenn wir pedantisch sein wollen, nicht einmal für die Abstammungslehre selbst. Aber ich gestehe, daß ich es für ganz unnütz halten würde, aus dieser Feststellung irgendeine Skepsis gegen die Entwicklungslehre abzuleiten.« Er bleibt also dabei [81]: ». . . wo anders unter den Tieren könnten wir die Vorfahren der Menschen suchen?«

Der schon mehrfach zitierte *J. Illies* ist ein beredtes Beispiel für die Widersprüchlichkeit eigener Aussagen. So sagt er einmal [39]:

> »Wir haben uns nicht nur damit abgefunden, vom Affen abzustammen, sondern wir haben die ganze Wirklichkeit der Evolution begriffen«,

und später erklärt er das Gegenteil [44]:

> »Wir haben diese Evolution . . . noch nicht verstanden, aber wir haben viel erreicht an Einsicht, wenn wir wenigstens dies erkennen.«

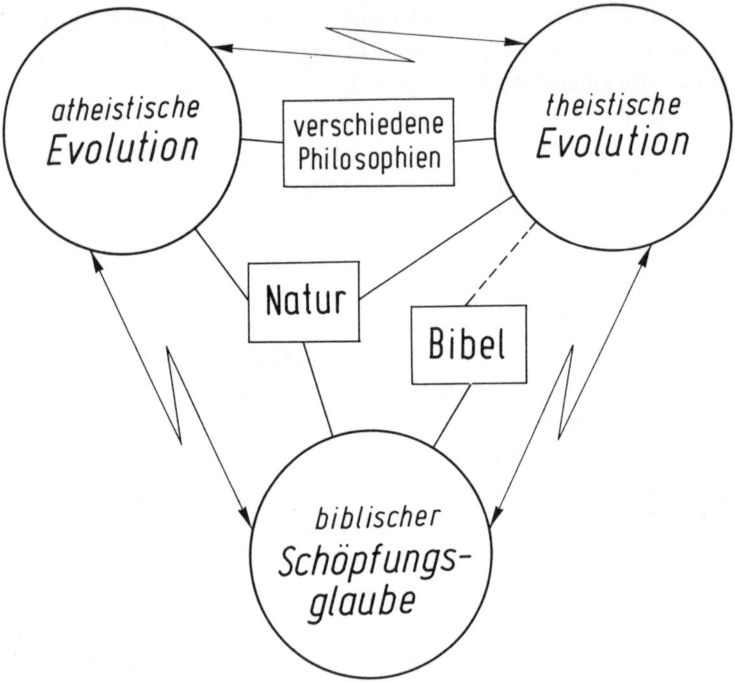

Bild 19: Die drei generellen Grundhaltungen zur Herkunft des Lebens und dieser Welt mit ihren zugehörigen Informationsquellen.

Zum Thema Mensch schreibt er einmal [39]:

> »Die Grundbotschaft ist die Erschaffung aus dem Geist Gottes – aus dem Logos, der am Anfang war, und zwar als »bara« Erschaffung, das heißt als unmittelbare Entstehung im totalen Ur-Sprung.«

und andermal so [41]:

> »Wir wissen dabei sehr wohl, daß wir nicht nur körperlich von Tieren abstammen und aus dem Tierreich herkommen, sondern daß auch alles, was uns am Menschen wesentlich erscheint – das Geistige, die Sprache, das einsichtige Handeln, die Vernunft –, dort seine Wurzeln hat«.

9.5 Zusammenfassung

Die Gegenüberstellung in Kap. 9.3, die noch um zahlreiche Punkte erweiterbar wäre, zeigt uns deutlich, daß der theistische Evolutionsgedanke biblische Grundaussagen ins direkte Gegenteil verkehrt. Nach der theistischen Evolution werden die geologischen Schichten und die Fossilien in die Schöpfungswoche mit untergebracht. Dazu bedarf es, den Zeitbegriff in 1. Mose 1 grundlegend zu verändern, denn aus einem gewöhnlichen Tag, dessen Länge bekanntlich durch die Erddrehung definiert ist, müssen immens lange Zeiträume gemacht werden. Man scheut sich da nicht vor Manipulationen am Worte Gottes, obwohl Gott in den Sinai-Geboten eindeutig und wiederholt auf die Länge der Schöpfungstage bezug nimmt (2 Mo 20,11). Ungeachtet der Zeitproblematik dokumentieren die Fossilien eine Situation von Katastrophen, gewaltigen Fluten und Erdbeben, Tod und Vernichtung, Fressen- und Gefressenwerden. Am Ende der Schöpfung gab Gott das Urteil über alles: »Und siehe da, es war **sehr gut**« (1 Mo 1,31). Wenn die Evolution die Arbeitsmethode Gottes zur Schöpfung wäre, wie es die Vertreter der theistischen Evolution behaupten, dann unterstellen sie Gott, daß er Tod, Vernichtung und Katastrophen **»sehr gut«** heißt, oder aber sie klagen Gott an [18]: ». . . wie kann Gott dafür entschuldigt werden, wenn er eine Welt geschaffen hat, die von allem Anfang an erfüllt ist mit Leichen jeder nur denkbaren Art – Schmerzen und Angst und Krankheit?« Die Bibel markiert Tod, Leid und Schmerz als Folge der Sünde, aber nicht als Schöpfungsmethode Gottes. *H. v. Ditfurth* gibt somit eine gänzlich falsche Deutung [18]: »Daß die unleugbare Unvollkommenheit und Mangelhaftigkeit der Welt also vielleicht damit zusammenhängt, daß sie einer noch nicht vollendeten Schöpfung entspringt.«

Der »Evolutionsgott« erweist sich als ein Götze – nicht aus Holz oder Stein –, sondern er hat sich in verführerischer Tarnung mit biblischem Vokabular umhüllt. Diesen »Evolutionsgott« dürfen wir nicht mit dem Gott der Bibel, dem Vater JESU CHRISTI, verwechseln. Auch wenn uns von seiten der theistischen Evolutionslehre immer wieder eine solche Identität vorgetäuscht und beteuert wird, so wollen wir uns nicht *von jedem Wind der Lehre*

(Eph 4,14) bewegen lassen. Wir wollen so an JESUS CHRISTUS glauben, *wie es die Schrift sagt* (Joh 7,38), denn nur dort erhalten wir die verbindliche Auskunft über JESUS CHRISTUS, über den Schöpfer (Hebr 1,2) und über die Art und Weise der Entstehung dieser Welt und des Lebens. Nur dort werden wir zugerüstet, um philosophische Spekulation und Wahrheit unterscheiden zu können. So wollen wir festhalten am Bekenntnis des Paulus »ich glaube allem, was geschrieben steht« (Apg 24,14) und wachsam sein gegenüber den Irrlehren unserer Zeit« (2 Petr 3,17). Wir weisen den Gedanken, daß der Mensch nach seinem eigenen Ermessen das Wort der Schrift korrigieren muß, um der Wahrheit näher zu kommen, als Irrtum und Vermessenheit zurück. Wir wollen nachdrücklich betonen, daß das Wort Gottes ein Richter **unserer** Gedanken und Vorstellungen ist (Hebr 4,12) und daß **wir** unterwiesen und gelehrt werden (2 Tim 3,16), aber nicht umgekehrt. *Die theistische Evolution erweist sich als eine Irrlehre sowohl aus der Sicht der Naturwissenschaft als auch der Bibel.*

Literaturhinweis: In dem 1988 erschienenen Taschenbuch *»Schuf Gott durch Evolution?«*, Neuhausen-Stuttgart, 128 S., hat der Verfasser die Problematik einer Vereinbarung des biblischen Schöpfungszeugnisses mit der Evolutionslehre aus biblischer und naturwissenschaftlicher Sicht gründlich bearbeitet. Beiträge aus Wissenschaftstheorie, Anthropologie, Astronomie, Biologie und Informatik spielen dabei eine zentrale Rolle.

10. Der Mensch

Der Mensch hat viele Bilder von sich entworfen, so daß wir heute eine unermeßliche Fülle von Aussagen über den Menschen haben. Philosophen, Dichter und Schriftsteller, Ideologen, Pädagogen, Molekularbiologen, Anthropologen, Genetiker, ja sogar Ökonomen und Ökologen haben vom Menschen geredet. Von der Kernfrage *»Was ist der Mensch?«* sind wir alle bewegt. Wir suchen eine Antwort, weil die Sinnfrage des Menschen eng daran gekoppelt ist.

10.1 Des Menschen Bild vom Menschen

Von dem römischen Staatsmann *Marcus Tullius Cicero* (106–43 v. Chr.) stammt der Satz: »Oft ist der Mensch sich selbst sein größter Feind.« Wie recht er hierin hatte, soll an mehreren Aussagen über den Menschen belegt werden. Für den Preußenkönig *Friedrich den Großen* (1712–1786) war der Mensch eine »Kanaille«. Der pessimistische Philosoph *Eduard von Hartmann* nannte den Menschen eine »Hautkrankheit der Erde«. *Nietzsche,* der vielzitierte Kritiker des Christentums, drückte sich ähnlich aus, wenn er die Menschheit als »Ungeziefer der Erdrinde« bezeichnete. Sein evolutionistischer Hintergrund wird in *Zarathustra* deutlich: »Der Mensch ist ein Seil, geknüpft zwischen Tier und Übermensch, ein Seil über einem Abgrunde.« Für *Theo Löbsack* ist der Mensch ein »Fehlschlag der Natur«, und *Hans Sachsse* bezeichnete den Menschen als den »jüngsten Tastversuch der Natur« und meinte, er sei »zweifellos ein hochriskanter Entwurf«. Er müsse davor bangen, als »Fehlversuch aus dem Evolutionsprozeß ausgeschieden zu werden«. Es läßt sich sehr leicht belegen, daß die pessimistischsten und sinnentleerendsten Menschenbilder von der Evolutionslehre abgeleitet wurden. Wir müssen *Peter Bamm* zustimmen, wenn er sagt: »Der Darwinismus und seine wissenschaftlichen Bastarde haben eine beträchtliche Rolle bei der Zerstörung des menschlichen Gewissens gespielt.« In seinem Buch *»Am Rande der Schöpfung«* stellt er fest:

> »Jahrtausende lang haben die Menschen geglaubt, daß Gott die Welt erschaffen habe. Er, der Allmächtige, konnte sie aus dem Nichts erschaffen. Als die Menschen aufhörten, das zu glauben, mußte die Welt aus irgend etwas entstanden sein. So erfanden die Gelehrten die Theorie des Urschlamms. Es ist aufschlußreich für die Geschichte des menschlichen Geistes, wie weit sich diese Lehre verbreiten konnte. Die meisten Menschen zogen es vor, statt von Gott erschaffen, aus dem Urschlamm entstanden zu sein.«

Wie die Abkopplung von Gott eine direkte Folge der Hinwendung zum Evolutionsgedanken ist, können wir bei *Darwin* selbst feststellen [34]. Der Glaube *Darwins* kannte zunächst keine echten Zweifel. Während seiner Weltreise mit der *Beagle* formte sich in seiner Gedankenwelt die von ihm aufgestellte Abstammungslehre mehr und mehr heraus. Genau in dieser Phase ging auch seine Beziehung zu den Grundelementen des Christentums verloren. In seiner Autobiographie bekennt *Darwin* diesen Vorgang:

> »In der zweiten Hälfte meines Lebens ist nichts bemerkenswerter als die Verbreitung des religiösen Unglaubens und des Rationalismus ... So beschlich mich langsam der Unglaube, bis ich am Ende *völlig ungläubig wurde.* Er kam so langsam über mich, daß ich es schmerzlos empfand, und in keinem Augenblick habe ich an der Richtigkeit meiner Schlußfolgerungen gezweifelt ... Man könnte ganz treffend sagen, daß ich ein Mensch bin, der farbenblind geworden ist.«

Diese Blindheit steigerte sich so weit, daß er die Botschaft des Evangeliums mit all seinen Konsequenzen sogar »eine abscheuliche Lehre« nannte. Die Anfrage eines deutschen Studenten aus dem Jahre 1879 bezüglich seines Glaubens beantwortete *Darwin* so [34]: »Was mich betrifft, so glaube ich nicht, daß jemals irgendeine Offenbarung stattgefunden hat.« Diese völlige Verwerfung der Bibel läßt sich wie ein roter Faden bis zu den heutigen Anhängern der Evolution verfolgen. Was dann bleibt, ist eine erschütternde Bankrotterklärung für den Sinn des Menschen. So lesen wir bei dem Nobelpreisträger und Molekularbiologen *Jaques Monod,* der die obigen Aussagen konsequent zu Ende gedacht hat [59]:

> »Wenn der Mensch diese Botschaft in ihrer vollen Bedeutung aufnimmt, dann muß der Mensch endlich aus seinem tausendjährigen Traum erwachen und seine totale Verlassenheit, seine radikale Fremdheit erkennen. Er weiß nun, daß er seinen Platz wie ein Zigeuner am Rande des Universums hat, das für seine Musik taub ist und gleichgültig gegen seine Hoffnungen, Leiden oder Verbrechen.«

»Das ganze Konzert der belebten Natur« einschließlich des Menschen ist dann nur noch aus »störenden Geräuschen« hervorgegangen. *Carsten Bresch* extrapoliert das Zufallskonzept bis in eine weite Zukunft hinein, wenn er spekuliert, daß die »Fülle von Zufallsereignissen zu einem Netzwerk in bestimmter Richtung verwoben« wird [12]:

> »Die so entstehenden Muster wirken auf andere Materie und führen fortschreitend bisher Unabhängiges zu neuer Verflechtung und immer wirkungsstärkerer Struktur. Vom Chaos zu einem intellektuellen, intergalaktischen Übermuster weist der Pfeil dieser Entwicklung, deren winziger Teil ein jeder von uns ist.«

Der Mensch ist hier zum bloßen Muster entartet – zum Muster ohne Wert –, genauer: zum *Zwischenmuster* für das *Übermuster.* Auch für *Konrad Lorenz* ist nicht der Schöpfer der Konstrukteur, sondern die Zufallsmechanismen Mutation und Selektion haben den Menschen hervorgebracht [52]:

> »Wir sind das Höchste, was die großen Konstrukteure (Mutation und Selektion) des Artenwandels auf Erden

bisher erreicht haben, wir sind ihr ›letzter Schrei‹, aber ganz sicher nicht ihr letztes Wort.«

Lorenz hält es für das erste große Hemmnis menschlicher Selbsterkenntnis, wenn wir nicht an unsere tierische Abstammung glauben. Die Alternative wäre die Herkunft des Menschen aus der Hand Gottes, und das paßt absolut nicht in das Evolutionskonzept. Der Konstanzer Biologe *H. Markl* hat auf die tiefgehenden Folgen der Evolutionslehre für das Menschenbild hingewiesen [55]:

> »Dieser Erklärungsanspruch der *Darwin*schen Theorie ist an Kühnheit und Folgenreichtum für das Selbstverständnis des Menschen und das seiner Stellung in der Natur ohnegleichen; in dieser Hinsicht verblaßt dagegen – ungeachtet der unvergleichlich höheren wissenschaftlichen Stringenz und Klarheit – selbst die kopernikanische Weltrevolution, *Newtons* Himmelsmechanik und *Einsteins* Relativitätstheorie.«

Unter dem Einfluß der Evolutionslehre wird der Mensch gottlos, oder er verbannt Gott in den untersten Keller seines Gestaltengebäudes. Er wird der Verirrung an jede beliebige Ideologie preisgegeben.

10.2 Das Evolutionskonzept führt in die Irre

Wir könnten zahlreiche Ideologien näher untersuchen und würden dabei feststellen, daß der Evolutionismus durchweg eine wichtige Säule in ihren Gedankengebäuden darstellt. Das trifft für politisch-ideologische Systeme (z. B. Kommunismus, Nationalsozialismus, Ideologie der »Frankfurter Schule«) ebenso zu wie für weltanschauliche Konzeptionen (z. B. Anthroposophie von *Rudolf Steiner* [76], New-Age-Bewegung).

An einem Beispiel wollen wir das Entstehen einer irrigen Weltanschauung aus der Evolution verfolgen. Bei *Mathilde Ludendorff* (1877–1966), der Begründerin einer Weltanschauungsgemeinschaft, wird in der zeugnishaften Beschreibung ihres Weges deutlich, wie es zu dem geistlichen Vergiftungsprozeß kam:

> »Aber ich hatte das große Glück, ganz außergewöhnliche Lehrer zu haben; unter ihnen ragte besonders der Lehrer der Zoologie hervor, der greise Professor *Weismann,* der berühmte Gelehrte, der die *Darwin*sche Theorie durch die Geminalselektionstheorie ergänzt hatte. Bei ihm hatte ich zuerst nur Zoologie belegt, aber dann auch noch *Deszendenztheorie* gehört und wurde so von Anbeginn des Studiums an von dem bedeutendsten Vertreter der Wissenschaft auf diesem Gebiet der *Abstammungslehre* und in die allgemeine Zoologie eingeführt. Es läßt sich nicht beschreiben, wie tief der Eindruck dieses Lehrers auf seine Hörer war.«

Ihre Folgerungen aus der Evolutionslehre sind ebenso konsequent wie bei *Marx* und *Hitler* und gleichermaßen verwerflich:

> »Ganz deutlich steht also die Erkenntnis vor uns, daß es ein Fortleben nach dem Tode nicht gibt. Die Himmelsgläubigen machen sich nicht klar, welch qualvolles Leben es sein müßte, ewige Zeiten hindurch Glückseligkeit erleben zu müssen. Es ist mehr Gedankenlosigkeit als Nachdenken, die diesem Wunsch seine Dauerhaftigkeit gegeben hat. Der Mensch wird sich selten klar, welch eine Hölle dieses der Zeitschätzung entnommene endlose Sein, dieses Ahasver-Los im Himmel wäre. So bleibt also nur die Erkenntnis, daß in der Todesstunde die Persönlichkeit des Menschen aufhört zu sein.«

Am Evolutionskonzept erkennen wir: *Ein falsches Ursprungskonzept führt zwangsläufig zu falschen Zielvorstellungen.* So finden wir dies ebenso im Briefwechsel mit einem Evolutionstheoretiker bestätigt, den der Verfasser auf die Zielfrage hin ansprach:

> »Möge jemand an Gott, an JESUS CHRISTUS glauben – ich werde niemanden davon abzuhalten versuchen! –, aber

für meinen Teil gilt die Erkenntnis ohne Illusion, die es mir, um einen Ausspruch *Haeckels* abzuwandeln, wert sein soll, das Paradies zu verlieren. So entscheide ich mich sehenden Auges für das Abenteuer des ›*ludus evolutionis*‹, dessen Spielregeln nicht von vornherein festgelegt worden sind, eines Tages aber den Menschen hervorbringen konnten ... Glauben Sie also ruhig, auf dem richtigen Weg zu sein, so wie ich davon überzeugt bin, den richtigen Weg gefunden zu haben und vom Gegenteil längst nicht mehr überzeugt werden kann.«

Hier bringt jemand das ganze Dilemma der Evolutionslehre zum Ausdruck. Diese Zeugnisse belegen, daß die Tragik erheblich größer ist als man allgemeinhin annimmt.

10.3 Der evolutionsgläubige Mensch – im Strudel der Sinnlosigkeit

Es besteht ein ursächlicher Zusammenhang zwischen Evolutionslehre und empfundener Sinnlosigkeit des Lebens. Ein Mensch, der von dieser Lehre voll erfaßt ist, ist in einen ungeheuren Strudel hineingeraten. Er hat sich aus der göttlichen Ordnung »herausexperimentiert«, wie es *Carsten Bresch* [12] sagt:

> »Er hat die Frage nach dem Sinn menschlichen Lebens zu einem Tabu gemacht – ihren Zugang einfach mit Brettern vernagelt. Er wagt nicht mehr, daran zu rühren, weil er fürchtet, die trostlose Antwort zu finden: ›Unser Leben hat überhaupt keinen Sinn‹.«

Bei dem Psychoanalytiker *Sigmund Freud,* in dessen Menschenbild das Sexuelle eine zentrale Rolle spielt und das ebenfalls ein Ableger der Evolutionslehre ist, wird die Sinnfrage total entleert: »Im Moment, da man nach Sinn und Wert des Lebens fragt, ist man krank.« Der gegenwärtige Nachfolger auf *Freuds* Wiener Lehrstuhl, *Viktor Frankl,* scheint zu erahnen, wie die Sinnfrage verloren ging. Er formuliert das weitverbreitete Sinnlosigkeitsgefühl wie folgt [23]:

»Im Gegensatz zum Tier sagt dem Menschen kein Instinkt, was er **muß,** und im Gegensatz zum Menschen früherer Zeiten sagt ihm keine Tradition, was er **soll,** und nun scheint er nicht mehr zu wissen, was er eigentlich **will**.«

Wir Menschen aber sind alle – ob wir es wahr haben wollen oder nicht – auf Sinn angelegt. Sinnlosigkeit ist unerträglich. *Frankl* hat das treffend gesagt:

»Wovon der Mensch zutiefst und zuletzt durchdrungen ist, ist weder der Wille zur Macht noch ein Wille zur Lust, sondern ein Wille zum Sinn.«

Fragt man nach dem Alter der Evolutionslehre, so wird man meist die Antwort erhalten: Es war das Jahr 1859, als *Charles Darwin* sein Buch mit dem Titel *»Die Entwicklung der Arten durch natürliche Zuchtwahl«* herausgab. Das ist nur bedingt richtig, denn schon um 1800 stellte *Lamarck* eine Theorie von der Entwicklung der Arten auf. Andere Ansätze gehen auf das Jahr 460 v. Chr. zurück, denn der griechische Philosoph *Demokrit* meinte bereits: »Alles, was im Weltall existiert, ist die Frucht von Zufall und Notwendigkeit.« Der Gedanke, diese Welt ohne Schöpfer erklären zu wollen, ist aber noch viel älter. Das früheste Zeugnis von Menschen, die einer solchen Idee verfallen waren, stammt aus der Zeit *Salomos* (965–926 v. Chr.). In der apokryphen Schrift *»Buch der Weisheit«* finden wir im zweiten Kapitel nicht nur eine Beschreibung des Denkens jener zufallsgläubigen Menschen, sondern auch ihre geistliche Beurteilung:

»In ihrer Verblendung sagen sie zueinander:

›Durch *blinden Zufall* sind wir entstanden,
und wenn wir tot sind, ist es, als wären wir nie gewesen.
Unser Atem ist nur ein Dunst, der sich rasch wieder auflöst.
Unser Bewußtsein ist ein Funke,
der vom Schlag unseres Herzens entfacht wird.
Wenn der Funke verlöscht, zerfällt unser Leib zu Staub,

und der Geist verflüchtigt sich wie ein Hauch.
Unser Name und unsere Taten sind bald vergessen.
Unser Leben zieht vorüber wie eine Wolke,
die keine Spur hinterläßt;
es löst sich auf wie ein Nebel,
den die Sonne vertreibt und mit ihren Strahlen zu Boden drückt...
Darum laßt uns das Leben und seine Güter genießen,
so unbekümmert, wie es die Jugend tut!
Wir wollen alles auskosten, was uns die Welt bietet.
An erlesenem Wein und Salböl soll nicht gespart werden.
Wir ziehen jeden in unser fröhliches Treiben hinein
und lassen überall Spuren unserer Ausgelassenheit zurück...
Wer die Macht hat, bestimmt, was recht ist.
So halten wir es!
Was schwach ist, hat keinen Wert.
Auf, wir fallen über diesen Frommen her!
Er hindert uns und stellt sich unserem Treiben in den Weg...
Er brüstet sich damit, Gott zu kennen, und nennt sich seinen Diener.
Er ist ein wandelnder Vorwurf für unsere ganze Denkweise;
sein Anblick ist nicht zu ertragen!
Er lebt völlig anders als alle übrigen Menschen.
Uns behandelt er wie Falschgeld;
er hält sich von uns fern, als wären wir Dreck.
Er preist in den höchsten Tönen,
was für ein herrliches Los am Ende auf die Frommen wartet.
Er prahlt damit, daß Gott sein Vater sei...‹

So reden sie, aber sie täuschen sich!
Ihre Verdorbenheit macht sie blind.
Sie wissen nichts von Gottes geheimen Absichten;
sie rechnen nicht damit, daß er die Frommen belohnt
und eine Auszeichnung bereithält für alle, die ihm gehorchen.

Gott hat die Menschen für ein unvergängliches Leben geschaffen; nach seinem eigenen Bild,
dem Bild des ewigen Gottes hat er sie gemacht«
(Gute Nachricht 1982).

Ebenso wie bei den Evolutionisten unserer Tage, gingen auch bei ihren Vorgängern im Altertum verkehrte Weltanschauung und empfundene Sinnlosigkeit des Lebens einher.

10.4 Die Herkunft des Menschen

Der Baseler Molekularbiologe *Max Thürkauf* sprach einmal von der »Vertierung des Menschenbildes«. So heißt es in einem heutigen Schulbuch:

> »Vor etwa 40 Millionen Jahren, am Beginn des Oligozäns, entstanden nach den Halbaffen und Affen die Vorfahren der Menschenaffen und Menschen ... Die Problematik der Entwicklungsgeschichte des Menschen liegt in der Frage: Bis wann muß man von Tieren sprechen, und von welchem Zeitpunkt an heißt das neue Wesen ›Mensch‹? ... Den Zeitraum dieses Lernprozesses bezeichnen wir als Tier-Mensch-Übergangsfeld.«

Wenn wir unsere Kinder in den Schulen ein derart falsches Menschenbild lehren, daß wir nur durch Selektionsdruck dem Tierreich Entronnene sind, dann sind wir auch keinem Gott verantwortlich. Wenn die Jugend so belehrt wird, dann brauchen wir uns nicht über die Früchte zu wundern, die später geerntet werden. Mit der Entfernung des Menschen von Gott steigen auch die Probleme an: Zunahme der Kriminalstatistik, Eheprobleme, Ehescheidungen und Abtreibungen, Drogenprobleme, Lieblosigkeit, psychische Störungen, Auflehnung gegen Eltern, Vorgesetzte und Staat. Saat und Ernte stehen auch hier in einem untrennbaren Zusammenhang (Gal 6,7).

Von evolutionistischer Seite wird der Gebrauch des Feuers als zuverlässiges Merkmal für den Übergang vom Tier zum Menschen angesehen. Der bekannte Schriftsteller *Peter Bamm* [5] hat diesen Gedanken einmal sehr pointiert weitergedacht:

»Lassen wir es gelten, daß das Wesen Mensch durch die Tatsache des Gebrauchs des Feuers charakterisiert sei. Dann müßte es an jenem Übergangspunkt der Entwicklung einmal ein historisches Wesen gegeben haben, das als erstes das Feuer gebraucht hat. Dieses Wesen, vielleicht mit Nutzen *Prometheopithecus* zu bezeichnen, hat im ersten Teil seiner exemplarischen Existenz das Feuer noch nicht gekannt. Es mag also ein noch so hoch entwickeltes menschenäffiges Wesen gewesen sein; das, was nach den Forschern ein Merkmal des Menschen ist – der Gebrauch des Feuers –, war ihm in seiner Jugend unbekannt. Nachdem der Gebrauch des Feuers von diesem Wesen entdeckt worden war, hatte es das entwicklungsgeschichtliche Merkmal des Menschen erworben. *Als Affe blies es das Feuer an, als Mensch hat er es gelöscht.*«

Auf eine weitere Kuriosität des evolutionistischen Denkens hat *I. Sücker* [79] hingewiesen:

»In dem Augenblick, als die Evolution es fertigbrachte, den Daumen den vier übrigen Fingern gegenüberzustellen, sei die menschliche Hand und damit die Möglichkeit zur Arbeit entstanden. Von da an konnte man die bisherigen Affen als Menschen bezeichnen. Umgekehrt sei aber die Umstellung des Daumens erst durch die menschliche Arbeit ermöglicht worden.«

Solche Zirkelschlüsse sind geradezu typisch im Denksystem der materialistischen Evolutionsphilosophie. Die große Unsicherheit der Evolution hat *Wukasch* einmal anschaulich karikiert *(Bild 20)*, wobei er auch die zukünftige Entwicklung mit evolutionistischem Elan erfaßte.

Alle wie auch immer entworfenen Stammbäume haben nichts zu der uns brennenden Frage nach unserem »Woher« beitragen können. So stellt *W. J. J. Glashower* in seinem Buch *»So entstand die Welt«* fest: »Es ist weder im psychischen noch im sozialen und kulturellen Bereich gelungen, die Evolution des Menschen nachzuweisen.« Warum ist z. B. aus dem Gekreische der Primaten nicht etwa die einfachere englische Sprache vor dem Hebräischen entstanden, das als alte Sprache erheblich komplizierter ist? Auf eine weitere Schwierigkeit, die noch alles andere überragt, hat der Biologe *Max Hartmann* [32] hingewiesen:

> »Die größte Problematik, die das Leben bietet, tritt uns in der Leib-Seele-Frage entgegen, eine unauflösbare Antinomie: das Verhältnis ist ein irrationales. Jeder Versuch, das Seelische aus den Prinzipien des physischen Lebens erklären zu wollen, ist infolge dieser irrationalen Natur des Verhältnisses vom Seelischen zum Physischen verfehlt. Die Biologie als Naturwissenschaft ist nur imstande, physiologische Zusammenhänge wissenschaftlich aufzuklären.«

Von einem Vertreter der Evolutionslehre wird hier eine wissenschaftliche Grenze aufgezeigt, die von beachtlicher Ehrlichkeit zeugt. Die Herkunftsfrage des Menschen ist wissenschaftlich **überhaupt nicht** zu beantworten. Sie ist darum zu einem Tummelplatz philosophischer und weltanschaulicher Theorien geworden. Bei aller Vielfalt ist diesen Anschauungen eines gemeinsam: Sie haben einen evolutionistischen Ansatz.

Völlig anders ist die Antwort des biblischen Glaubens. Am Anfang steht Gott, und dieser Gott hat einen Plan: »Lasset uns Menschen machen!« (1 Mo 1,26). Niemand anders kann uns die Herkunftsfrage beantworten als der, der uns geplant und geschaffen hat. Wer vom ingenieurmäßigen Denken herkommt, freut

Bild 20: Karikierung der evolutionistischen Sicht zur Herkunft des Menschen und seiner »Weiterentwicklung«. (Aus: VDI-Zeitung 1981, Wukasch)

sich, in Gottes konzeptioneller Gestaltung für die Erschaffung des Menschen geläufige Vorgehensweisen zu erkennen:

1. Plan
2. Ausführung
3. Ergebnis

Diese Gliederung ist in *Bild 21* veranschaulicht. Der *eine* Vers in 1. Mose 2,7 ist eine Meisterleistung präziser, knapper und doch höchst informativer Mitteilung. Die Erschaffung des Menschen geschieht in zwei Phasen:

- Zunächst gestaltet Gott den Leib des Menschen, der aus der Ackererde geformt ist. Unser Körper enthält die gleichen chemischen Elemente wie der Ackerboden. Es war eine wissenschaftliche Sensation als man vor etwa 150 Jahren erkannte, daß die organischen Substanzen dieselben Atome enthalten wie die unbelebten anorganischen Stoffe. Aber selbst die kompliziertesten organischen Verbindungen in der richtigen Art und Menge machen noch nicht den Menschen aus. Dies zu ignorieren, ist der tiefgreifende Irrtum der Evolutionslehre.
- Zum Menschen gehört eine weitere wichtige Komponente: ». . .und er blies ihm den lebendigen Odem in seine Nase.« Erst durch den von Gott in den *materiellen* Körper hineingeblasenen *nichtmateriellen* Geist wird dieses Geschöpf zum Menschen. Es ist zu beachten, daß dieser Geist nicht mit dem Heiligen Geist zu verwechseln ist.

Nach dem Zusammenfügen der beiden Teile *»Leib von der Erde«* und *»Geist von Gott«* entsteht etwas völlig Neuartiges, die *Seele:* »Und also ward der Mensch eine *lebendige Seele.*« In *Bild 21* wird dieses Ergebnis des Schöpfungshandelns Gottes durch das Überschneiden zweier Kreise veranschaulicht. Zwei völlig unterschiedliche Komponenten kommen zusammen und ergeben in ihrer Vereinigung die Seele. Das Wort *»Seele«* kommt in der Bibel in doppelter Bedeutung vor: Es bezeichnet hiermit den Menschen sowohl in seiner Gesamtheit als auch die **eine** von drei Komponenten, die den Menschen ausmachen: *Leib, Seele* und *Geist* (1 Thess

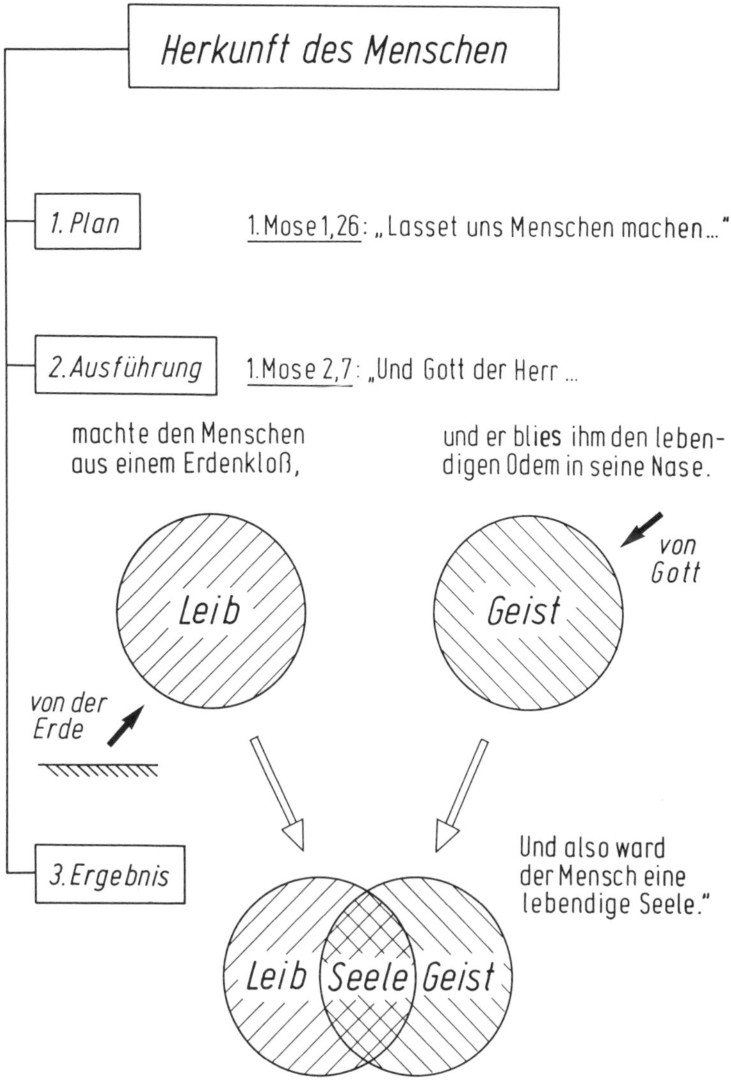

Bild 21: Die Herkunft des Menschen.

5,23). Erst in dieser Kombination wird die ganze Wirklichkeit des Menschseins erfaßt. Unser Dasein verdanken wir dem Willen Gottes, der den Plan zu unserem Leben hatte und diesen zielorientiert verwirklichte. Daraus folgt Grundlegendes für unser Menschenbild.

10.5 Das biblische Menschenbild

Nachdem wir eingangs die von der Evolutionslehre abgeleiteten falschen Menschenbilder genannt haben, wollen wir nun auf das biblische Menschenbild eingehen. Dabei ist zwischen zwei Situationen deutlich zu unterscheiden: Der Mensch **vor** und **nach** dem Sündenfall.

10.5.1 Der Mensch vor dem Sündenfall

Nachdem uns die Herkunftsfrage von Gott so präzise beantwortet wurde, wollen wir den Menschen in seiner Wesensart nach der Schöpfungsordnung Gottes betrachten. Zwei Aussagen der Schrift sollen als Ausgangspunkt dienen:

1. Mose 1,27: »Und Gott schuf den Menschen ihm zum Bilde, zum Bilde Gottes schuf er ihn.«

Psalm 8,6: »Du hast ihn wenig niedriger gemacht denn Gott *(Elohim),* und mit Ehre und Schmuck hast du ihn gekrönt.«

Psalm 8,6: »Du hast ihn fast zu einem Gottwesen gemacht, du hast ihn gekrönt mit Glorie und Glanz« (*Jerusalemer Bibel*).

Die Aussagen übersteigen unser Vorstellungsvermögen, mit welch hoher Bestimmung der Mensch aus der Hand Gottes hervorging. Es war die liebende Absicht Gottes, uns ihm wesensmäßig ähnlich zu schaffen. Gott schuf sich ein Gegenüber, einen Gesprächspartner, ein Wesen, »das uns gleich sei« (1 Mo 1,26). Der Mensch war ausgerüstet mit zahlreichen Anlagen und Begabungen.

Auf *eine* Begabung wollen wir hier kurz eingehen. An zahlreichen Stellen der Bibel wird die Weisheit Gottes gerühmt (z.B. Dan 2,20; Röm 11,33–34). Auch »in CHRISTUS liegen verborgen alle Schätze der *Weisheit* und der *Erkenntnis*« (Kol 2,3). Alttestamentlich wurde sein Name mit *»Rat«* (Jes 9,5) angekündigt, um hiermit auf ein wesentliches Kennzeichen des Herrn einzugehen. In Begriffen heutiger Sprache könnten wir auch die Synonyme *Intelligenz* und *Information* einsetzen. Wenn der Mensch nur wenig niedriger als Gott geschaffen wurde, so ist zwingend zu folgern, daß auch der Mensch mit höchster Intelligenz ausgestattet war. Er hatte die Fähigkeit des fehlerlosen Denkens und des Sprechens. Bereits am ersten Tag seiner Existenz betrieb der Mensch zoologische Systematik und wurde zum Wortschöpfer (1 Mo 2,19–20). Der Mensch hatte direkte Gemeinschaft mit Gott, denn er war sündlos. Gott hatte den Menschen zur Beherrschung und treuen Verwaltung seiner Schöpfung eingesetzt. Alle Tiere und Pflanzen, ja die ganze Erde war ihm übergeben, nur eines steht da **nicht:** Es herrsche der Mensch über andere Menschen. Eine solche »Weltherrschaft« oder »Tyrannei« im Sinne heutiger Ideologien gab es nicht. Der Mensch war für seine hohe Aufgabe mit reichlichen Gaben Gottes ausgerüstet, und er entsprach vollständig dem Willen Gottes. Die Zwischenurteile Gottes über die einzelnen Schöpfungswerke mit »gut« münden in das Prädikat »sehr gut« ein, nachdem der Mensch als Zielpunkt der Schöpfung auch da ist.

10.5.2 Der Mensch nach dem Sündenfall

Wenn wir uns selbst und alle Mitmenschen betrachten, so müssen wir ehrlicherweise zugeben: Wir tragen nicht mehr die Züge des mit Glanz und Glorie Geschmückten, wir verkörpern nicht die Wesenszüge Gottes wie sie der Mensch nach der Schöpfungsordnung Gottes hatte. Es ist etwas Furchtbares geschehen: Der Mensch mißbrauchte die ihm geschenkte Freiheit und ging auf das Angebot des Teufels ein »ihr werdet sein wie Gott und wissen«. Der Mensch geriet in die Verstrickung des Sündenfalls und verlor dadurch die Gemeinschaft mit Gott sowie die ihm geschenkten Wesensmerkmale Gottes. Die heutige Situationsbeschreibung des Menschen lautet:

> »Denn es ist hier kein Unterschied: sie sind allzumal Sünder und mangeln des Ruhms, den sie bei Gott haben sollten« (Röm 3,23).

Im griechischen Grundtext steht für »Ruhm« das Wort »doxa«. Das lateinische Wort »gloria« ist uns aus *Bachs* Weihnachtsoratorium *»Gloria in excelsus deo«* (Ehre sei Gott in der Höhe) geläufig. Von der Schöpfungsordnung her hatten wir Ruhm, Ehre, Lichtglanz, Herrlichkeit, Gloria vor Gott; mit dem Sündenfall ging dies durch die Sünde verloren. Seitdem sind wir Mangelwesen vor Gott, mehr noch: Unsere Mangelkrankheit ist so schlimm, daß sie zum ewigen Tod führt, wenn nicht das **einzige** Heilmittel dagegen eingesetzt wird. Die Bibel beschreibt den einst so herrlich geschaffenen Menschen in der Situation *nach dem Fall* in pessimistischen Bildern:

Jeremia 16,4: »Sie sollen an Krankheiten sterben und weder beklagt noch begraben werden, sondern sollen Dung werden auf dem Lande . . ., ihre Leichname sollen der Vögel des Himmels und der Tiere auf Erden Speise sein.«

Psalm 144,4: »Ist doch der Mensch gleich wie nichts; seine Zeit fährt dahin wie ein Schatten.«

Prediger 3,19: »Denn es geht dem Menschen wie dem Vieh: wie dies stirbt, so stirbt er auch.«

Die Herrlichkeit des Menschen ist entschwunden. Durch den Ungehorsam gegenüber seinem Schöpfer hat er sich selbst ruiniert. Die Sünde hat auch das Denken des Menschen verfinstert:

Römer 1,21: »Ihr unverständiges Herz ist verfinstert.«

Epheser 4,18: »Ihr Verstand ist verfinstert, und sie sind fremd geworden dem Leben, das aus Gott ist.«

In der Gottesferne hat das menschliche Denken alle möglichen Irrungen und Wirrungen hervorgebracht: Evolutionsanschauungen, Ideologien und Religionen. Eine besondere Steigerung der Verführungen hat der Herr JESUS für die Endzeit vorausgesagt. *Paul Meyer (Neuland-Mission-Plettenberg)* machte darauf aufmerksam, daß die verschiedenen Kennzeichen des Endes in Matthäus 24 jeweils *einmal* genannt werden, die Verführung jedoch *viermal* (!). So haben wir in unserer Zeit besonders wachsam zu sein. Die brennende Frage vieler Zeitgenossen nach dem Wesen der Religionen aus der Sicht der Bibel hat der Verfasser in einem anderen Buch ausgeführt [28]. Die schlimmste Folge des gefallenen Menschen ist seine ewige Verlorenheit. Wer in seinem natürlichen Grundzustand verharrt, gelangt an jenen Ort, den die Bibel Hölle nennt. Es wäre ein Segen Gottes, wenn dieses Buch dazu beitragen könnte, daß jemand den Lockruf Gottes ernst nimmt und die breite Straße der Verdammnis verläßt.

10.6 Die Bestimmung des Menschen

Es gibt eine großartige Botschaft! Aus der Verlorenheit gibt es Rettung, weil Gott sich unserer ausweglosen Situation erbarmt hat. Schon gleich nach dem Sündenfall nennt Gott die erste Verheißung auf den Retter:

> »Und ich will Feindschaft setzen zwischen dir und dem Weibe und zwischen deinem Samen und ihrem Samen. Derselbe soll dir den Kopf zertreten, und du wirst ihn in die Ferse stechen« (1 Mo 3,15).

In JESUS kam der Heilsplan zur Erfüllung. Als Lamm Gottes trug JESUS die Sünde der ganzen Welt (Joh 1,29). Es war kein Leichtes, denn Gott sagt uns: »Ja, mir hast du Arbeit gemacht mit deinen Sünden und hast mir Mühe gemacht mit deinen Missetaten« (Jes 43,24). Gott gab in JESUS sein Bestes für uns: Seinen geliebten Sohn. Kreuzigung und Tod JESU waren der Preis der Sünde, den *H. Kemner* so beschrieb [47]:

> »Keine Phantasie reicht aus, um die Schauerlichkeit der Wüste auszumalen, die er durchlitt, als er einging auf die

dunkelsten Fragen der Menschheit, und in seiner Gottverlassenheit, in der Nacht aller Nächte, die Rätselfrage der Menschheit löste, damit wir Frieden hätten und durch seine Wunden geheilt würden.«

Wer sich zu diesem JESUS CHRISTUS aufmacht und ihm das Leben im Gebet übergibt, der wird ein Kind Gottes (Joh 1,12). Das bedeutet, wir übernehmen ab sofort die Maßstäbe des Wortes Gottes als neue Richtschnur unseres Lebens. *Nur wer sich zu JESUS wendet, wird gerettet. Alle menschlichen Heilsversuche sind törichte Irrwege der Verlorenheit.* Das Kreuz JESU ist der von Gott geschenkte Heilsweg – das Heilmittel gegen den ewigen Tod – und ist der einzige Lösungsweg für unsere gefallene Natur. Das Kreuz hat darum Entscheidungscharakter. Hier liegt unsere Wahl für Himmel oder Hölle. Gäbe es keine Hölle, so hätte CHRISTUS nicht zu sterben brauchen. Kämen alle in den Himmel, so wäre der Kreuzestod ebenso nicht nötig gewesen. Unter dem Kreuz JESU werden wir unsere Schuld los; es ist die Mülldeponie Gottes, die Schutthalde unserer Sünde. Hier entscheidet sich unser ewiges Los. Der Apostel sagt: »Wie werden wir entrinnen, wenn wir solches Heil nicht achten?« (Hebr 2,3). Die von Gott vorgelegte Bestimmung ist hoch angesetzt: Wir sollen einmal als Kinder auch Erben seines Reiches sein. Wir sind geladen zur ewigen Gemeinschaft mit ihm. Durch seine Güte ruft uns Gott zur Umkehr und Bekehrung.

10.7 Der Wert des Menschen

Über den Wert des Menschen haben die unterschiedlichsten Leute nachgedacht. Zu einer sehr ungewöhnlichen Wertermittlung ist der Leiter des *Verkehrswissenschaftlichen Instituts der Universität Köln,* Professor *R. Willeke,* gekommen. Er hat den Menschen nach Nutzen/Kosten – Gesichtspunkten untersucht [68] und kommt dabei auf folgende Durchschnittspreise:

28 584 DM für Kinder von 3 Jahren,
155 754 DM für Kinder von 13 Jahren,

273 800 DM für junge Leute im Alter von 20 Jahren,
239 580 DM für Nichterwerbstätige im Alter von 30 Jahren.

Den höchsten Preis hat er mit 657 199 DM für vollzeitbeschäftigte Männer ermittelt. Für einen Ruheständler im Alter von 70 Jahren sinkt der Wert auf 102 700 DM, und bei 80 Jahren ist er auf 68 480 DM gefallen. Der Ertragswert eines jungen Menschen steigt rapide an, wenn er seine Ausbildung abgeschlossen hat. Zieht er das Nichtstun vor und entscheidet sich für das Gammeln, so setzt unverzüglich die Abschreibung ein, und zwar linear. Jährlich sinkt der Wert des jungen Menschen dann um 3422 DM.

Wir wollen nun alle Wertungen des Menschen für den Menschen verlassen und fragen, **wieviel wert** wir in den Augen Gottes sind. Wenn der vom Sündenfall her verlorene Mensch – die gesamte Menschheit befindet sich in derselben Kette – zu Gott zurückkehrt, dann geschieht die Umwertung aller Werte. Wohl nirgends wird das deutlicher als im Gleichnis vom verlorenen Sohn: »Vater, ich bin hinfort nicht mehr **wert,** daß ich dein Sohn heiße« (Lk 15,21). Auf seine Umkehr vom alten Weg und Hinkehr zum Vater wird er augenblicklich als Kind angenommen, denn der Vater stellt fest: »Dieser mein Sohn war tot und ist wieder lebendig geworden.« Wegen des Einbruchs der Sünde im Sündenfall sind für die Rettung des Menschen zwei Maßnahmen erforderlich:

1. für Gott: Der teure Preis seines Sohnes JESUS (1 Petr 1,18-19)
2. für den Menschen: Glaubensentscheidung für JESUS (Joh 1,12).

Der Wert des christusentschiedenen Menschen ist durch den gezahlten Preis bestimmt: »Wisset ihr nicht, daß ihr nicht mit vergänglichem Silber oder Gold erlöst seid . . ., sondern mit dem **teuren** Blut CHRISTI« (1 Petr 1,18–19). Der Wert des Menschen ist so unermeßlich hoch, daß er weder in Gold noch in Silber ausgedrückt werden kann. Ja, das ganze Universum wäre kein Gegenwert für die Seele eines einzigen Menschen. Den Preis hat kein Professorenteam festgelegt, und er wurde auch nicht auf einem Kongreß von Ökonomen ermittelt, sondern der Sohn

Gottes hat ihn als unermeßlich beurteilt: »Was hülfe es dem Menschen, wenn er die ganze Welt (griech. *kosmos!*) gewönne und nähme doch Schaden an seiner Seele?« (Mt 16,26). War die Herrlichkeit durch die Sünde verlorengegangen, so gilt nun: »Weil du so **wert** bist vor meinen Augen geachtet, sollst du auch **herrlich** sein« (Jes 43,4). Jeder einzelne muß sich aufmachen und in Bekehrung (Apg 3,19) und Wiedergeburt (Joh 3,3) das Heil empfangen. Der Evangelist *Wilhelm Pahls* sagte darum einmal sehr treffend:

> »Wer nicht zweimal geboren ist, dem wäre es besser, er wäre nie geboren. Ohne die natürliche Geburt kommen wir nicht in diese Welt, und ohne das geistliche Ereignis der Wiedergeburt als Folge unserer Bekehrung kommen wir nicht in das Reich Gottes.«

Um den Heilsplan für den Menschen zu erfüllen, erwählte sich Gott ein Volk: *das Volk Israel.* Die Rettung geschah einzig in JESUS, aber Israel hatte dabei eine dreifache Aufgabe:

- Israel war als erstes Volk dazu ausersehen, den Schöpfer zu verkündigen. Die Ägypter verehrten die Sonne und sogar Frösche als Gottheiten. In diese Situation hinein bezeugten die Israeliten ihren lebendigen Gott als Schöpfer. Durch den Sabbat brachten sie zum Ausdruck, daß die Schöpfung in sechs Tagen geschah.
- Israel war das Wort Gottes anvertraut. Sämtliche Schreiber des Alten und – mit Ausnahme von Lukas (Kol 4,10–14) – auch des Neuen Testaments kamen aus diesem Volk.
- Aus Juda, einem der 12 Stämme Israels, kam JESUS: »Das Heil kommt von den Juden« (Joh 4,22). In dieses Volk hinein wurde Gottes Sohn als Mensch geboren.

Wir haben eingangs betont, daß Evolutionsanschauungen in die Irre führen. Der Zugang zur sinnerfüllten Mitte dieses Lebens und zum Vaterhaus Gottes geschieht *einzig* durch JESUS. Zum rettenden Glauben an den Herrn JESUS aber finden wir durch das Wort Gottes. Wir brauchen nicht irgendeinen Glauben an JESUS, sondern den »wie die Schrift sagt«. Den rechten Zugang zum Wort

Gottes aber haben wir erst, wenn wir alle Evolutionismen hinter uns gelassen haben und unsere Herkunft klar aus des Schöpfers Hand erkennen. Diese dreifache Folge wurde dem Verfasser so recht bewußt durch die Zuschrift einer Studentin [54]:

»Vielleicht erinnern Sie sich daran, daß ich ihnen im vergangenen September schrieb und Sie um Hilfe bat in meinen intellektuellen Nöten in bezug auf das Problem Schöpfung oder Evolution. Daraufhin erhielt ich von Ihnen einige Unterlagen. Sie können sich vielleicht annähernd vorstellen, welche geistige und geistliche Befreiung es bedeutet, aus dem scheinbar zwingend Erwiesenen ausbrechen zu können. Als ich das 9. Kapitel aus *»Logos oder Chaos«* durchlas, ist mir zum ersten Mal die unermeßliche Größe des Schöpfers aufgegangen. Der Gedanke begeisterte mich, daß in diesen Milliarden von Körperzellen die Worte Gottes über jeden Menschen eingeschlossen sind und diese Worte so sehr mit dem Menschen verbunden sind, daß er gleichsam die Verkörperung dieser Worte darstellt. Ich mußte das Buch weglegen und meinen Schöpfer für diese seine Werke preisen und anbeten. Welch ein Unterschied, ob man die DNS als Wort Gottes ansieht oder als chemisches Zufallsprodukt. Früher hatte ich kein rechtes Verhältnis zu den Psalmen, die die Größe der Schöpfung preisen, aber nun kann ich sie lesen. Indem man uns, auch im theologischen Denken, den Schöpfergott nahm, nahm man uns alles. Denn im selben Moment, als ich Gott dafür pries, daß auch mein Körper Ergebnis seines Willens ist, kam mir auch die unglaubliche Tatsache der Sünde zu Bewußtsein. Erst als ich die wahre Größe der Schöpfung erahnte, erfaßte ich zugleich diese enorme Kluft, die durch die Sünde geschaffen wurde. Und diese Kluft konnte auch wiederum nur durch jemand wie JESUS CHRISTUS in seinem Kreuzestod überwunden werden. Den theologischen Verlust, den der Glaube an die Evolution mit sich bringt, konnte ich erst in dem Augenblick erkennen, als ich wieder an Schöpfung glauben konnte. Dadurch wurde bei mir das ganze innere Gleichgewicht zur Bibel wiederhergestellt.«

Yvonne Luven bezeugt hier in freimütiger Weise, wie sie von der evolutionären Denknot zum vollen Heil in CHRISTUS durchbrechen durfte.

Die Verbreitung der Heilsbotschaft hat JESUS all denen aufgetragen, die sich sein eigen nennen: »Darum gehet hin und machet zu Jüngern alle Völker . . . und lehret sie halten alles, was ich euch befohlen habe« (Mt 28,19–20). Es ist das erklärte Ziel Gottes, daß die Evangeliumsbotschaft rund um den Erdball allen Völkern, Stämmen und Nationen gesagt werden soll. Auch wenn der Auftrag heute noch längst nicht voll erfüllt ist, so hat JESUS in allen Teilen der Welt seine Jünger. Selbst in China, ein Land, das in schrecklicher Weise die rote Kulturrevolution erlebte, gibt es viele lebendige Gemeinden. Der Leiter der *Überseeischen Missionsgemeinschaft, Wolfgang Merdes* [57], stellt in einem aktuellen Reisebericht fest:

> »In einer Provinz sollen etwa die Hälfte der Bevölkerung Christen sein. Insgesamt nimmt man an, daß es nun bereits mehr Christen in China gibt als Mitglieder der kommunistischen Partei . . . Beten wir treu für die Gemeinde JESU in diesem volkreichsten Land der Erde.«

So ist es der höchste Auftrag, den uns der Herr in dieser Welt gegeben hat, mitzuhelfen, daß alle Menschen die wichtigste Nachricht erhalten: *Unser Leben kommt aus des Schöpfers Hand und ist von ihm her auf Sinn angelegt. Wir sind zu CHRISTUS hin erschaffen worden; wir sind durch ihn gemacht, und wer ihn ergreift, findet in ihm Rettung.*

Literaturverzeichnis

[1] Astronomie (²1974): dtv-Atlas zur Astronomie. München

[2] Attenborough, D. (1979): Das Leben auf unserer Erde. Hamburg, Berlin

[3] Autrum, H. (1975): Präzision und schöpferische Ungenauigkeit in der lebenden Natur Universitas 30, S. 613–624

[4] Balsiger, D., Sellier, Ch. E. (1979): Die Arche Noah – Schicksal der Menschheit am Ararat. Wien, Düsseldorf

* [5] Bamm, P. (⁶1978): Adam und der Affe – Essays. München

* [6] Bamm, P. (1979): Eines Menschen Einfälle. München

[7] Bartels, J. (³1966) (Hg.): Geophysik. Frankfurt/Hamburg

* [8] Beck, H. W. (1980): Die Debatte um Bibel und Wissenschaft in Amerika. Neuhausen-Stuttgart

* [9] Beck, H. W. (1982): Unbewiesen – Warum ich gegen die Evolutionslehre bin. idea-spektrum 8, S. 14–15

[10] Blacker, C./ Loewe, M. (1977): Weltformeln der Frühzeit; Kosmologien der alten Kulturvölker. Düsseldorf, Köln

&[11] Bonhoeffer, D. (1968): Schöpfung und Fall – Versuchung. München

[12] Bresch, C. (1979): Zwischenstufe Leben – Evolution ohne Ziel?

[13] Brosche, P. (1975): Gezeiten. Naturwissenschaften 62, S. 1–9

&[14] Claeys, K. (1979): Die Bibel bestätigt das Weltbild der Naturwissenschaft. Stein am Rhein

* [15] Cochlovius, J. (1982): Der biblische Schöpfungsbericht. Vortrag während des Kongresses »Schöpfung und Evolution« vom 1.–3. 10. 1982 in Krelingen. Unveröffentlichtes Typoskript.

&[16] Daecke, S. M. (1982): Gott – Opfer oder Schöpfer der Evolution? Christlicher Glaube und Entwicklungslehre. Kerygma und Dogma

* [17] Dake, F. J. (1961): Dake's Annotated Reference Bible. Lawrenceville, Georgia

&[18] v. Ditfurth, H. (1981): Wir sind nicht nur von dieser Welt. Hamburg

[19] Dröscher, V. B. (²1980): Magie der Sinne im Tierreich. München

[20] Eigen, M. (1971): Selforganisation of Matter and the Evolution

of Biological Macromolecules
Naturwissenschaften 58, S. 465–523
[21] Evertz, A. (1982): Martin Luther als Christ, als Mensch und als Deutscher. Ein Beitrag zum Lutherjahr. Assendorf
[22] Faller, A. (⁸1978): Der Körper des Menschen. Einführung in Bau und Funktion. Stuttgart
[23] Frankl, V. E. (1979): Der Mensch vor der Frage nach dem Sinn. München
[24] Gitt, W. (1989): Information – die dritte Grundgröße neben Materie und Energie. Siemens-Zeitschrift, H. 4, S. 2–7
* [25] Gitt, W. (⁴1995): In sechs Tagen vom Chaos zum Menschen. Logos oder Chaos. Woher kommt das Leben? Naturwissenschaftliche und biblische Grundfragen zur Schöpfung. Aussagen und Einwände zur Evolutionslehre. Neuhausen-Stuttgart
* [26] Gitt, W. (1982): Herkunft des Lebens aus der Sicht der Informatik, Videokassette.
Erhältlich: Kassettendienst des Geistlichen Rüstzentrums Krelingen, 29664 Walsrode
[27] Gitt, W. (1982): Am Anfang war die Information. Forschungsergebnisse aus Naturwissenschaft und Technik sowie fachbezogene Kritik an der Evolutionslehre, Gräfeling
[27a] Gitt, W. (1994): Am Anfang war die Information. Neuhausen-Stuttgart
* [28] Gitt, W. (⁴1993): Und die anderen Religionen? Bielefeld
* [29] Gitt, W. (³1993): So steht's geschrieben – zur Wahrhaftigkeit der Bibel – Neuhausen-Stuttgart
* [29a] Gitt, W. (⁴1994): Schuf Gott durch Evolution? Neuhausen-Stuttgart
[30] Grabmaier, J. G.: (1983) Die Silicium-Solarzelle für terrestrische Anwendungen.
Naturwissenschaften 70, S. 127–132
[31] Halstead, B. (1980): Popper: good philosophy, bad science? New Scientist, 17. July 1980
[32] Hartmann, M. (²1965]: Einführung in die allgemeine Biologie und ihre philosophischen Grund- und Grenzfragen. Sammlung Göschen, Bd. 96. Berlin
[33] Heckmann, O. (1980): Sterne, Kosmos, Weltmodelle. Erlebte Astronomie. München
[34] Hemleben, J. (1980): Charles Darwin in Selbstzeugnissen und Bilddokumenten.
* [35] Herter, G. (1983): Leserforum, factum, H. 1/2, S. 33
* [36] Hitzbleck, E. (²1990): Welträtsel Natur. Neuhausen-Stuttgart

[37] Hölldobler, B. (1970): Chemische Verständigung im Insektenstaat. Umschau, S. 663–669

[38] Hudspeth, A. J. (1983): Die Haarzellen des Innenohrs. Spektrum der Wissenschaft, S. 108–119

&[39] Illies, J. (⁵1977): Für eine menschenwürdige Zukunft. Bd. 432

&[40] Illies, J. (²1977): Biologie und Menschenbild. Bd. 526

&[41] Illies, J. (1979): Schöpfung oder Evolution? Zürich

&[42] Illies, J. (1979): Leben: Evolution am Ende? Westermanns Monatshefte: 10, S. 88–98

&[43] Illies, J. (1982): Ich sehe sie – Warum ich für die Evolutionslehre bin. idea-spektrum 8, S. 13

&[44] Illies, J. (1982): Genügen Zufall und Notwendigkeit? Umschau 82, S. 223–227

&[45] Jantsch, E. (1979): Die Selbstorganisation des Universums

[45a] Junker, R. (1989): Rudimentäre Organe. Berlin

[45b] Junker, R./ Scherer, S. (³1982): Entstehung und Geschichte der Lebewesen. Gießen

[46] Kaplan, R. W. (1972): Der Ursprung des Lebens. München

[47] Kemner, H. (1977): Es gibt nichts Schöneres. Lahr-Dinglingen

[48] Kemner, H. (1971): Jesus trifft dich überall. Gießen/Basel

[49] Kessel, R. G./: Kardon, R. H. (1979) Tissues and Organs, a text-atlas of scanning electron microscopy. San Francisco

[50] Külling, S. (1976): Der Schöpfungsbericht und naturwissenschaftliche Fragen. Basel

[51] Lorenz, K. (1955): Über die Entstehung von Mannigfaltigkeit. Die Naturwissenschaften 52, S. 319–329

[52] Lorenz, K. (⁶1979): Das sogenannte Böse. München

[53] Löther, R. (1982): Darwin und die Kreationisten. Spektrum, H. 4, S. 9–11

[54] Luven, Y. (1983): Persönliche Mitteilung an den Verfasser.

[55] Markl, H. (1980): Der Wandel des naturwissenschaftlich-technischen Weltbildes in den letzten 30 Jahren als Faktor für die Zukunft aus der Sicht der Biologen. DTV-Schrift Nr. 12, S. 23–39

[56] Meister, A. (1970): Biblisches Namenslexikon. Pfäffikon/Schweiz

[57] Merdes, W. (1982): Missions-Reisebericht einer Ostasienreise vom 5.8.–11.10.1982. ÜMG Mücke

[58] Minibibel: Die kleinste Bibel der Welt auf einem Dia. Neustadt/Weinstraße

[59] Monod, J. (³1977): Zufall und Notwendigkeit. München

[60] Nachtigall, W. (1977): Energiewunder Vögel. Bild der Wissenschaft 3, S. 105–113

[61] Nee, W. (1978): Wort Gottes – ein zweischneidiges Schwert. Wetzlar
[62] Osche, G. (1971): Die Motoren der Evolution. Zweckmäßigkeit als biologisches Problem. Biologie in unserer Zeit 1, S. 51–61
* [63] Ouweneel, W.J. (^{2}1975): Gedanken zum Schöpfungsbericht. Neustadt/Weinstraße
* [64] Ouweneel, W.J. (1976): De ark in de branding. Amsterdam
[65] Plath, P. (^{4}1981): Das Hörorgan und seine Funktion. Berlin
&[66] Redaktionsartikel (1982): Wann hat Gott die Welt geschaffen? – Was der Kreationismus gegen die Evolutionstheorie vorbringt. Evangelische Kommentare 15, S. 595–597
[67] Rensch, B. (1977): Das universale Weltbild. Evolution und Naturphilosophie
[68] Rest, H. (1978): Was ist ein Mensch wert? ADAC-Motorwelt, H. 11, S. 12–13
&[69] Rohrbach, H. (1982): Ein neuer Zugang zum Schöpfungsbericht. Zeitschrift Schritte, S. 5–10
[70] Rüppel, G. (1980): Vogelflug.
&[71] Schaaffs, W. (^{2}1971): Jesus, Meister der Natur. Wuppertal
[72] Schaeffer, F.A. (1976): Der Schöpfungsbericht. Wuppertal
* [73] Scheven, J. (^{2}1982): Daten zur Evolutionslehre im Biologieunterricht. Neuhausen-Stuttgart
* [74] Scheven, J. (1982): Thermobius. idea-spektrum 8, S. 15
[75] Schneider, D. (1967): Die Arbeitsweise tierischer Sinnesorgane im Vergleich zu technischen Meßgeräten. Veröffentl. der Arbeitsgemeinschaft für Forschung des Landes Nordrhein-Westfalen 169, S. 23–59
[76] SCP (1980): Rudolf Steiner und die Anthroposophische Gesellschaft. factum, H. 5, S. 4–11
[77] Spurgeon, C.H. (1975): Ratschläge für Prediger. Wuppertal
[78] Spurgeon, C.H. (1980): Es steht geschrieben. Die Bibel im Kampf des Glaubens. Wuppertal/Kassel
[79] Stücker, I. (1981): Der Mensch. Ursprung, Fall und Vollendung.
[80] Vollmert, B. (1979): Grundriß der Makromolekularen Chemie. Band II. Polymersynthesen II. Karlsruhe
&[81] v. Weizsäcker, C.F. (1964): Die Tragweite der Wissenschaft, Bd. 1. Stuttgart
&[82] v. Weizsäcker, C.F. (1976): Evolution und Entropiewachstum. Festvortrag anläßlich der Jahrestagung der Deutschen Ges. f. Biophysik. Sonderdruck der Stadt Regensburg

* [83] Whitcomb, J.C. (1980): Die Welt, die unterging. Neuhausen-Stuttgart

* [84] Whitcomb, J.C. Morris, H.H. (1977): Die Sintflut. Neuhausen-Stuttgart

* [85] Wilder-Smith, A.E. (1974): Grundlage einer neuen Biologie. Umbruch in der biologischen Erkenntnis. Neuhausen-Stuttgart

* [86] Wilder-Smith, A.E. (1978): Die Naturwissenschaften kennen keine Evolution. Empirische und theoretische Einwände gegen die Evolutionslehre. Basel/Stuttgart

[87] Willner, H. (1971): Schöpfung. Zum Beispiel. Zeitschrift für die Praxis des christl. Unterrichts in Schule und Kirche, S. 119–143

[88] Wuketis, F.M. (1981): Biologie und Kausalität. Berlin/Hamburg

[89] Zuse, K. (1980): Einige Gedanken zur vergangenen und zukünftigen Entwicklung des Computers. Vortrag anläßlich der Verleihung des Aachener und Münchener Preises für Technik und angewandte Naturwissenschaften an Konrad Zuse. Aachen

* Die mit einem Stern * versehene Literatur ist eindeutig vom biblischen Schöpfungszeugnis her geprägt.

& Die mit dem Symbol & markierten Literaturangaben enthalten den aus biblischer wie auch aus naturwissenschaftlicher Sicht (vgl. Kapitel 9) zu verwerfenden Gedanken einer theistischen Evolution.

Namensverzeichnis

Aristoteles 56, 57
Astruc 15
Attenborough, D. 138
Augustin, A. 23

Bach, J. S. 67, 172
Bamm, P. 157, 165
Beck, H. W. 13, 145
Bezzel, H. 25
Blacker, C. 34
Bonhoeffer, D. 42
Brecht, B. 67
Bresch, C. 57, 159, 162

Chardin, T. 128, 143, 148
Cicero, M. T. 157
Claeys, K. 150
Cochlovius, J. 15, 130

Daecke, S. M. 17
Dali, S. 17
Darwin, Ch. 15, 18, 19, 91, 131, 137, 142, 158, 160, 161, 163
Demokrit 163
Diesel, R. 67
Ditfurth, H. v. 143, 149, 155
Dröscher, V. B. 78

Eigen, M. 76
Einstein, A. 160
Evertz, A. 36

Francke, W. 85
Frankl, V. E. 162, 163
Freud, S. 162
Friedrich d. Gr. 157

Gitt, W. 16
Glashower, W. J. J. 166
Goethe, J. W. v. 67, 91
Gombrich 34

Haeckel, E. 137, 162
Hartmann, E. v. 157
Hartmann, M. 167
Heckmann, O. 34
Hegel, G. W. F. 15
Herter, G. 41
Heß, V. F. 106
Hindemith, P. 67
Hubble, E. P. 133
Huxley, T. H. 137

Illies, J. 22, 142, 144, 145, 146, 147, 150, 153
Jantsch, E. 22
Jonas, H. 22

Kahane, E. 138
Kaplan, R. W. 57
Kelvin, W. 19
Kemmer, H. 24, 173
Külling, S. 37

Lamarck, J.-B. 163
Lewis, C. S. 91
Löbsack, T. 157
Lorenz, K. 91, 159, 160
Ludendorff, M. 160
Luther, M. 10, 58, 60
Luven, Y. 178

Markl, H. 160
Merdes, W. 178
Meyer, P. 173
Michelangelo 67
Monod, J. 60, 77, 159
Mozart, W. A. 67

Nee, W. 66
Newton, I. 160
Nietzsche, F. 157

Osche, G. 130
Ouweneel, W. J. 52, 104

Pahls, W. 176
Pasteur, L. 130
Picasso, P. 67
Popper, K. 129, 141

Rad, G. v. 15
Reis, P. 67
Rembrandt 67
Rensch, B. 128
Rohrbach, H. 20, 69
Rüpell, G. 89

Sachsse, H. 157
Schaaffs, W. 21, 22, 143, 145, 148
Schaeffer, F. A. 42
Scheven, J. 142
Schiller, F. v. 67
Schrödinger, E. 23
Spinoza, B. 15
Spurgeon, C. H. 17, 54, 69
Steiner, R. 160
Sücker, I. 166

Thürkauf, M. 165

Uexküll, J. v. 17

Vogt, H. 25
Vollmert, B. 141

Weismann 161
Weizsäcker, C. F.v. 143, 148, 153
Whitcomb, J. C. 29
Wilder-Smith, A. E. 151, 152
Willeke, R. 174
Willner, H. 11
Wukasch 166
Wuketits, F. M. 57, 91

Zeppelin, F. 67
Zuse, K. 67, 82

Verzeichnis der Bibelstellen

Die wörtlich zitierten Bibelstellen wurden nach der Luther-Übersetzung (AT: 1912; NT: 1956) angegeben; Ausnahmen sind gekennzeichnet mit: A: Albrecht, E: Elberfelder Übersetzung, G: Gute Nachricht 1982 (!), J: Jerusalemer Bibel, K: Konkordante Übersetzung, M: Menge, N: New International Version, R: Revidierte Elberfelder Übersetzung.

1. Mose 1,1 124
1. Mose 1,6–8 E, K 102
1. Mose 1,14 27
1. Mose 1,15 E 101
1. Mose 1,20 E 101
1. Mose 1,26 59, 167
1. Mose 1,27 144, 170
1. Mose 1,31 155
1. Mose 2,1–2 47
1. Mose 2,2 50, 146
1. Mose 2,4 122, 124
1. Mose 2,5 123
1. Mose 2,7 123, 145, 169
1. Mose 2,18 145
1. Mose 2,19 126
1. Mose 2,20 146
1. Mose 3,15 173
1. Mose 5,1–2 E 40
1. Mose 7, 19–20 112
1. Mose 7,21 112
1. Mose 9,11 114
1. Mose 15,5 47
2. Mose 20,9–11 37, 40
2. Mose 20,11 37
2. Mose 31,18 41
2. Mose 32,15–16 41
4. Mose 23,19 37, 149
Josua 10,8 28
1. Samuel 15,23 149
Nehemia 9,6 E 102
Hiob 10,5 27
Hiob 26,7 44
Psalm 8,6 170
Psalm 8,6 J 170
Psalm 33,6 72
Psalm 33,9 39
Psalm 33,9 A, G, M 69
Psalm 66,3 90
Psalm 90,4 19, 27
Psalm 92,6–7 92
Psalm 93,5 149
Psalm 104,6–9 118
Psalm 104,24 76, 90
Psalm 104, 31 91
Psalm 104, 33 91
Psalm 110,1 60
Psalm 118,22 75
Psalm 119,105 74
Psalm 119,160 74, 149
Psalm 136,5 76
Psalm 144,4 172
Psalm 147,5 70

Sprüche 3,19 76
Sprüche 6,23 73
Sprüche 8,22–24+30 60
Sprüche 30,5 74, 149
Sprüche 30, 19 101
Prediger 3,19 172
Jesaja 9,5 70, 75, 76
Jesaja 42,5 E 100
Jesaja 43,4 176
Jesaja 43,24 173
Jesaja 51,16 75
Jeremia 7,1 75
Jeremia 10,12 70
Jeremia 10,16 E 101
Jeremia 15,16 73
Jeremia 16,4 172
Jeremia 36,28 75
Daniel 7,10 E 50
Daniel 12,8 44
Hosea 4,6 149
Nahum 1,3b 71

Weisheit 2 G 163

Matthäus 4,4 63, 73
Matthäus 5,17–18 63
Matthäus 5,45 65
Matthäus 6,26 65
Matthäus 7,16+18 65
Matthäus 11,29 94
Matthäus 12,3 63
Matthäus 16,26 176
Matthäus 19,4 43
Matthäus 19,4–5 64
Matthäus 19,6 64
Matthäus 22,29 63
Matthäus 24,13 30
Matthäus 24,21 64
Matthäus 24,35 25, 66, 73, 149
Matthäus 26,54 63
Matthäus 26,56 66
Matthäus 28,19–20 178
Markus 2,27 65
Markus 7,10 121
Markus 10,6 64
Markus 12,26 121
Markus 13,19 64
Lukas 15,21 175
Lukas 16,15 131
Lukas 17,27 112
Lukas 24,49 70
Johannes 1,1–3 72
Johannes 1,3 59
Johannes 1,10 72
Johannes 1,11 75
Johannes 1,12 73
Johannes 1,14 74
Johannes 4,22 176
Johannes 5,46–47 122
Johannes 5,47 66
Johannes 6,35 73
Johannes 8,12 73
Johannes 8,24 73
Johannes 8,47 149
Johannes 9,4 38
Johannes 12,48 74
Johannes 14,6 73, 74
Johannes 14,19 10
Johannes 14,23 149
Johannes 17,17 74
Johannes 17,24 65
Johannes 18,37 54
Apostelgeschichte 13,46 75
Apostelgeschichte 17,31 74
Apostelgeschichte 24,14 12, 156
Römer 1,20 70

Römer 1,21 172
Römer 3,23 172
Römer 6,23 147
1. Korinther 1,18 73
1. Korinther 1,19 61
1. Korinther 7,31 25
1. Korinther 8,6 58
1. Korinther 15,45 144
2. Korinther 4,6 95
Galater 4,4 75
Epheser 1,19 71
Epheser 1,18–20 71
Epheser 4,18 172
Kolosser 1,11 E 71
Kolosser 1,15–17 59
Kolosser 1,16 75
Kolosser 2,3 76, 171
1. Timotheus 2,13 144, 145
1. Timotheus 2,13–14 43
1. Timotheus 3,16 74
2. Timotheus 3,16 11
1. Petrus 1,18–19 175
1. Petrus 1,25 33
1. Petrus 2,8 61
1. Petrus 4,7 25
2. Petrus 1,21 12, 74
2. Petrus 3,8 28
2. Petrus 3,10 43
1. Johannes 3,5 74
Hebräer 1,10 60
Hebräer 2,3 174
Hebräer 4,3 47, 146
Hebräer 4,12 73, 75
Hebräer 11,3 68, 75
Hebräer 11,3 N,R 68, 72
Hebräer 11,32 90
Hebräer 13,8 73
Jakobus 1,15 147
Jakobus 1,21 73, 149
Offenbarung 4,11 92
Offenbarung 5,12 70
Offenbarung 10,6 25
Offenbarung 19,13 76

Leseprobe aus »Am Anfang war die Information«
von Werner Gitt

A3.4.4.1 Der Flug der Zugvögel: eine präzise Energiekalkulation

Jeder Vorgang in der Physik, Technik oder Biologie verläuft streng nach dem Energiesatz, d. h., jeder Arbeitsvorgang benötigt zu seiner Durchführung eine bestimmte Energiezufuhr. Das Energieproblem des Zugvogels besteht darin, genügend Treibstoff in Form von Fett mit sich zu führen, um die Reiseroute zu bewältigen. Wegen der geforderten guten Flugeigenschaften muß die gesamte Konstruktion des Vogels auf Leichtbauweise ausgerichtet sein, d. h., unnötiges Gewicht ist absolut zu vermeiden. So ist auch ein äußerst optimaler Umgang mit dem Treibstoff erforderlich. Wie hat es der Schöpfer realisiert, daß der »Brennstoff« ohne Nachtanken so lange ausreicht? Die erste Maßnahme ist die Wahl der wirtschaftlichsten Reisegeschwindigkeit. Fliegt der Vogel zu langsam, vergeudet er zuviel Treibstoff für den Antrieb. Fliegt er zu schnell, verbraucht er zuviel Energie zum Überwinden der Luftreibung. Es gibt somit ein ausgeprägtes Minimum für den Treibstoffverbrauch. Würde der Vogel diese spezielle Geschwindigkeit kennen, so könnte er äußerst energiesparend fliegen. Je nach der aerodynamischen Konstruktion des Rumpfes und der Flügel ist diese optimale Geschwindigkeit für jeden Vogel verschieden (z. B. Aztekenmöve 45 km/h; Wellensittich 41,6 km/h). Es ist bekannt, daß die Vögel sich exakt an diese energiesparende Geschwindigkeit halten. Woher kennen sie diese? Für die Ornithologen ist dies eines der vielen ungelösten Rätsel.

Am Beispiel des ostsibirischen **Goldregenpfeifers** *(pluvialis dominica fulva*; engl. *Golden Plover)* wollen wir uns das Energieproblem näher ansehen. Dieser Vogel fliegt zur Überwinterung von Alaska nach Hawaii. Im Nonstopflug muß er dabei den offenen Ozean überfliegen, ohne auch nur einmal rasten zu können, denn es gibt unterwegs keine Insel, und außerdem ist er Nichtschwimmer. Während dieses über 4000 km langen Fluges (je nach Startpunkt) führt er in ununterbrochener Folge die unvorstellbare Anzahl von 250 000 Flügelschlägen aus. Der Flug dauert 88 Stunden. Der Vogel hat ein Startgewicht von $G_0 = 200$ g, wovon 70 g in Fettpolstern angelegt sind, die als Treibstoff dienen. Es ist bekannt, daß der Goldregenpfeifer 0,6% ($p = 0{,}006$/h) des jeweiligen Körpergewichts in Bewegungsenergie und Wärme umsezt, Für die erste Flugstunde benötigt er also

$$x_1 = G_0 \cdot p = 200 \cdot 0{,}006 = 1{,}2 \text{ g Fett} \tag{1}$$

Zu Beginn der zweiten Flugstunde wiegt er nur noch $G_0 - x_1 = 200 - 1{,}2 = 198{,}8$ g, so daß er in den folgenden Stunden schon etwas weniger Fett verbraucht:

$$x_2 = (G_0 - x_1) \cdot p = G_1 \cdot p = 198{,}8 \cdot 0{,}006 = 1{,}193\text{g} \tag{2}$$
$$x_3 = (G_0 - x_1 - x_2) \cdot p = G_2 \cdot p = 197{,}6 \cdot 0{,}006 = 1{,}186\text{g} \tag{3}$$

Für die 88. Flugstunde ist der Treibstoff wegen des stark abgenommenen Gewichts auf den Wert

$$x_{88} = (G_0 - x_1 - x_2 - x_3 - \ldots - x_{87}) \cdot p = G_{87} \cdot p \tag{4}$$

abgesunken. Wir wollen nun errechnen, wieviel der Vogel nach der Reise wiegt.

Das Körpergewicht nach den jeweiligen Flugstunden ergibt sich durch Verminderung des Fettverbrauchs:

$$\text{1. Flugstunde: } G_1 = G_0 - x_1 = G_0 - G_0 \cdot p = G_0(1-p) \tag{5}$$
$$\text{2. Flugstunde: } G_2 = G_1 - x_2 = G_1 - G_1 \cdot p = G_1(1-p) = G_0(1-p)^2 \tag{6}$$
$$\text{3. Flugstunde: } G_3 = G_2 - x_3 = G_2 - G_2 \cdot p = G_2(1-p) = G_0(1-p)^3 \tag{7}$$

.

.

.

$$\text{z. Flugstunde: } G_z = G_{z-1} - x_z = G_{z-1} - G_{z-1} \cdot p = G_{z-1}(1-p) = G_0(1-p)^z \tag{8}$$

.

.

.

$$\text{88. Flugstunde: } G_{88} = G_{87} - x_{88} = G_{87} - G_{87} \cdot p = G_{87}(1-p) = G_0(1-p)^{88} \tag{9}$$

Nach dieser *einfachen Rechenweise** bilden die einzelnen Gewichte G_0, G_1, $G_2, \ldots$, G_{88} eine geometrische Reihe mit dem Multiplikationsfaktor $q = 1-p < 1$. Setzt man die entsprechenden Zahlen in Gleichung (9) ein, so ergibt sich das Gewicht des Vogels nach der 88. Flugstunde:

$$G_{88} = 200 \cdot (1-0{,}006)^{88} = 117{,}8\,\text{g} \qquad (10)$$

Den gesamten Treibstoffverbrauch finden wir als Differenz zum Startgewicht:

$$G_0 - G_{88} = 200 - 117{,}8 = 82{,}2\,\text{g}. \qquad (11)$$

Dieser Wert ist deutlich höher als die mitgeführten 70 g! Das Grenzgewicht von 130 g (siehe *Bild 2*) darf der Vogel aber nicht unterschreiten. Trotz seines Fluges mit der optimalen Geschwindigkeit für minimalen Treibstoffverbrauch erreicht der Vogel wegen zu geringer Treibstoffmenge das Ziel Hawaii nicht. Fragt man nach der Stundenzahl z, für die der Treibstoff gerade noch ausreicht, so findet man wegen

$$G_z = G_0(1-p)^z = (200-70) = 130\,\text{g},$$

daß nach $z = 72$ Stunden die 70 g Fett vollständig verbraucht sind. Was ist die Folge? Es kommt nach 81% der Flugzeit – also gut 800 km vor dem Ziel – zu einem tödlichen Absturz des Vogels ins Meer. Haben wir uns hier verrechnet, oder hat der Schöpfer den Vogel nicht richtig konstruiert und ausgestattet? Beides trifft nicht zu. Des Schöpfers Werk setzt uns in Erstaunen. Er handelt nach dem Grundsatz **»Energieeinsatz – optimal durch Information«**, d. h., er gab dem Vogel eine wichtige

* Aus Gründen leichterer Verständlichkeit haben wir die obige Rechnung in Schrittweiten von 1 Stunde ausgeführt. Geht man jedoch von der Differentialgleichung $\mathrm{d}G/\mathrm{d}t = -G(t) \cdot p$ und $G(t=0) = G_0$ aus, so erhält man eine kontinuierliche Lösung: $G(t) = G_0 \cdot \exp(-p \cdot t)$ mit $p = 0{,}006/\text{h}$. Die o. g. Rechnung in Stundenschritten stimmt bis auf unwesentliche Stellen nach dem Komma mit dieser exakten Lösung überein.

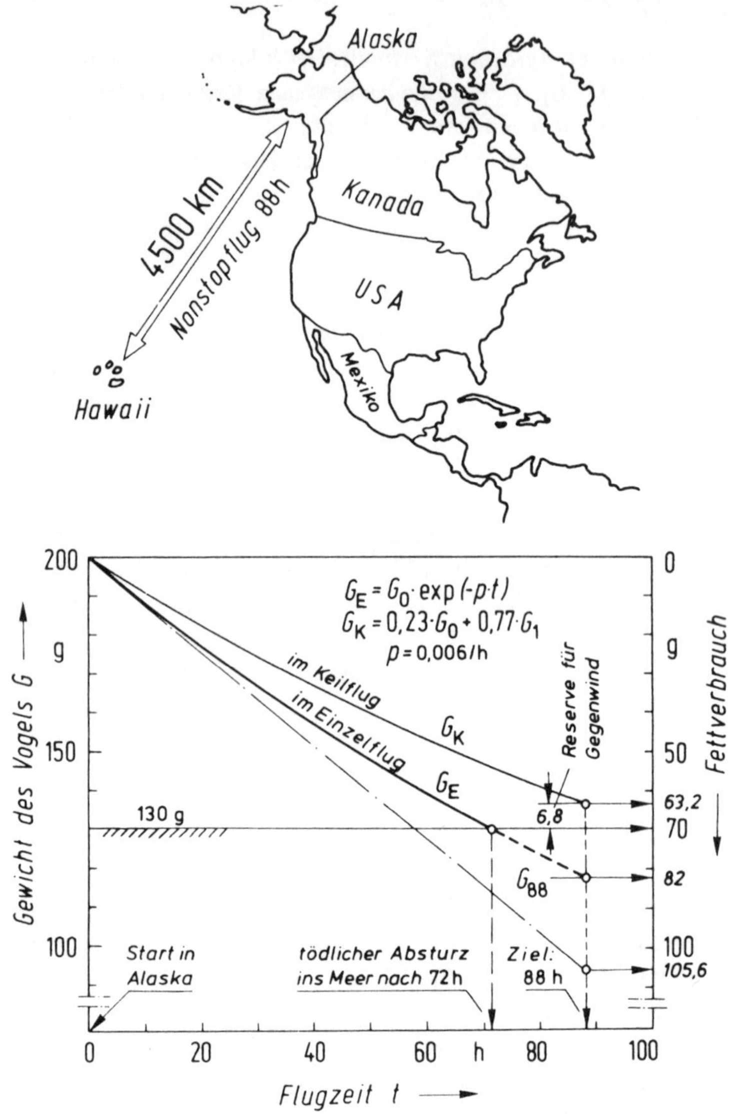

Bild 2: *Der Flug des ostsibirischen Goldregenpfeifers.*

Für den ca. 4500 km langen Nonstopflug von Alaska zu den Hawaii-Inseln stehen dem Zugvogel 70 g Fett als Treibstoff zur Verfügung. Würde er diese Reise im Einzelflug (Kurve G_E) ausführen, so hätte er nach 72 Stunden das gesamte Fettpolster verbraucht und würde 800 km vor dem Ziel ins Meer stürzen. Demgegenüber spart er beim Flug in Keilformationen (Kurve G_K) 23 Prozent Energie ein und erreicht sicher sein Ziel.

Information mit: *»Fliege nicht im Einzelflug* (Kurve G_E), *sondern in Keilformation* (Kurve G_K)! Im Keilflug sparst du 23 % Energie ein, und du wirst sicher dein Winterquartier errreichen.« *Bild 2* zeigt auch die Kurve G_K der Gewichtsabnahme im Falle des Keilfluges. Nach 88 Stunden bleibt im Normalfall noch ein Fettrest von 6,8 g. Auch dieser Resttreibstoff ist nicht überflüssig im »Tank«, sondern vom Schöpfer für den Fall einkalkuliert, daß der Vogel auch bei Gegenwind sicher ans Ziel kommt. Der äußerst geringe spezifische Treibstoffverbrauch von $p = 0{,}6$ % des Gewichts pro Stunde versetzt noch mehr in Erstaunen, wenn man bedenkt, daß die entsprechenden Werte für die von Menschen entwickelten technischen Fluggeräte um ein Mehrfaches darüber liegen (Hubschrauber $p = 4$–5 %; Düsenflugzeuge $p = 12$ %).

Wenn jemand diese präzisen Vorgänge nicht als des Schöpfers Werk ansieht, dem bleiben wichtige Fragen unbeantwortet:

- Woher kennt der Vogel den notwendigen Energiebedarf?
- Wie kommt es, daß er vor der Reise gerade die richtige Fettmenge ansetzt?
- Woher kennt der Vogel die Entfernung und den spezifischen Brennstoffverbrauch?
- Woher kennt der Vogel die Flugroute?
- Wie navigiert der Vogel, um das Ziel exakt zu erreichen?

Neben dem o. g. *(ostsibirischen) Goldregenpfeifer* gibt es noch den *nordamerikanischen Goldregenpfeifer (Nominatrasse).* Auch dieser zieht in gewaltiger Nonstop-Flugleistung von den Küsten Labradors quer über den Atlantischen Ozean bis nach Nordbrasilien. Während die westliche Rasse für Hin- und Rückflug denselben Weg nimmt, wählt der nordamerikanische Goldregenpfeifer unterschiedliche Routen für Herbst und Frühjahr. Der Rückflug von den Pampas Südamerikas geht über Mittelamerika und die USA nach Kanada. Weitere unvorstellbare Flugleistungen vollbringt

- die *Japanische Bekassine (Capella hardtwickii):* 5000 km Flug von Japan nach Tasmanien,

- der *ostsibirische Stachelschwanzsegler (Chaetura caudacuta)*: Flug von Sibirien nach Tasmanien,
- die amerikanischen *Strandläuferarten* (z. B. *Calidris melanatos = Graubruststrandläufer)*: 16000 km Flug von Alaska bis Feuerland.

A3.4.4.2 Der Flug der Zugvögel: eine navigatorische Meisterleistung

Der bekannte dänische Ornithologe *Finn Salomonsen* schreibt über die Orientierung während des Vogelzuges [49]: »Die Fähigkeit des Vogels, während des Fluges den Weg zu finden, darf als das rätselhafteste Mysterium gelten. Wenige andere Fragen haben zu allen Zeiten zu so vielen Theorien und Spekulationen Anlaß gegeben wie diese.« In der Tat ist die navigatorische Leistung, die ohne komplizierte Armaturen, ohne Kompaß und Karte und bei sich ständig ändernden Bedingungen von Sonnenstand, Windrichtung, Wolkendecke, Tag/Nacht-Rhythmus geschieht, ein Wunder ohnegleichen. Bei einem transozeanischen Zug von Landvögeln, wie wir es bei dem *Goldregenpfeifer* kennenlernten, würde schon eine minimale Abweichung vom Kurs bedeuten, daß die Vögel auf offenem Meer rettungslos zugrunde gehen müßten. Die exakte Einhaltung der Zugrichtung ist nicht eine Sache des Probierens. Der weitaus größte Teil der Zugvögel würde ohne navigatorische Maßnahme das Ziel nie erreichen, und solch einen massiven Verlust könnte keine Art überdauern. Jede irgendwie ins Spiel gebrachte evolutionäre Vorstellung ist hier völlig zu verwerfen. Auch die Vorstellung, daß Jungvögel den erstmaligen Weg unter der kundigen Leitung der Eltern kennenlernen, spielt nur eine untergeordnete Rolle, da ja viele Vogelarten im Einzelflug reisen. So wird angenommen, daß die Zugvögel über einen angeborenen Richtungssinn verfügen, der es ihnen ermöglicht, sich nach den Himmelsrichtungen zu orientieren und somit eine bestimmte Richtung fest einzuhalten. *Salomonsen* begründet diesen Richtungssinn an zwei in Westgrönland lebenden Kleinvögeln, die beide im Herbst nach Süden ziehen. Der Steinmätzer und die Schneeammer stammen aus derselben Landschaft und starten häufig auch gleichzeitig nach Süden. Im Süden Grönlands angekommen, trennen sich dann aber die Wege: Während die *Schneeammer* ihren Zug in südlicher Richtung fortsetzt, um in Amerika zu überwintern, dreht der *Steinmätzer* nach Südost ab, um quer über den Atlantik nach Westeuropa und Nordafrika zu fliegen. Beide Vögel haben einen spezifischen Richtungssinn, der sie in unterschiedliche Richtungen ziehen läßt.

In Verfrachtungsversuchen mit verschiedenen Zugvogelarten wurden detaillierte Erkenntnisse über die Präzision der navigatorischen Leistungen ermittelt. Bemerkenswert war der Versuch an zwei *Seeschwalbenarten (Sterna fuscata* und *Anous stolidus)* mit ihren Brutplätzen auf den Tortugas-Inseln in der Bucht von Mexiko. Die Vögel wurden per Schiff in verschiedene Richtungen transportiert und auf offener See freigelassen. Obwohl sie in Abständen von 832 bis 1368 km vom Nistplatz in für sie völlig unbekannten Meeresgebieten ausgesetzt wurden, kehrten die meisten Seeschwalben in wenigen Tagen mit großer Zielsicherheit zu ihren Eiern und Jungen auf die Tortugas-Inseln zurück.